BEI GRIN MACHT SICH IHR WISSEN BEZAHLT

- Wir veröffentlichen Ihre Hausarbeit,
  Bachelor- und Masterarbeit

- Ihr eigenes eBook und Buch -
  weltweit in allen wichtigen Shops

- Verdienen Sie an jedem Verkauf

Jetzt bei www.GRIN.com hochladen
und kostenlos publizieren

Bibliografische Information der Deutschen Nationalbibliothek:

Die Deutsche Bibliothek verzeichnet diese Publikation in der Deutschen National-
bibliografie; detaillierte bibliografische Daten sind im Internet über http://dnb.d-
nb.de/ abrufbar.

Dieses Werk sowie alle darin enthaltenen einzelnen Beiträge und Abbildungen
sind urheberrechtlich geschützt. Jede Verwertung, die nicht ausdrücklich vom
Urheberrechtsschutz zugelassen ist, bedarf der vorherigen Zustimmung des Verla-
ges. Das gilt insbesondere für Vervielfältigungen, Bearbeitungen, Übersetzungen,
Mikroverfilmungen, Auswertungen durch Datenbanken und für die Einspeicherung
und Verarbeitung in elektronische Systeme. Alle Rechte, auch die des auszugsweisen
Nachdrucks, der fotomechanischen Wiedergabe (einschließlich Mikrokopie) sowie
der Auswertung durch Datenbanken oder ähnliche Einrichtungen, vorbehalten.

Impressum:

Copyright © 2015 GRIN Verlag
Druck und Bindung: Books on Demand GmbH, Norderstedt Germany
ISBN: 9783668859302

Elisabeth Jung

Aus der Reihe: e-fellows.net stipendiaten-wissen

e-fellows.net (Hrsg.)

Band 2985

Effektive Führung und McClelland's Motivtheorie. Wirkung universeller sowie kulturspezifischer Merkmale

GRIN Verlag

GRIN - Your knowledge has value

Der GRIN Verlag publiziert seit 1998 wissenschaftliche Arbeiten von Studenten, Hochschullehrern und anderen Akademikern als eBook und gedrucktes Buch. Die Verlagswebsite www.grin.com ist die ideale Plattform zur Veröffentlichung von Hausarbeiten, Abschlussarbeiten, wissenschaftlichen Aufsätzen, Dissertationen und Fachbüchern.

Besuchen Sie uns im Internet:

http://www.grin.com/

http://www.facebook.com/grincom

http://www.twitter.com/grin_com

Ludwig-Maximilians-Universität München

Wirkungen universeller versus kulturspezifischer Merkmale effektiver Führung und McClelland's Motivtheorie

von
Elisabeth Theresa Jung

Inhaltsverzeichnis

MERKMALE EFFEKTIVER FÜHRUNG UND MCCLELLAND'S MOTIVTHEORIE

Tabellenverzeichnis

Abbildungsverzeichnis

MERKMALE EFFEKTIVER FÜHRUNG UND MCCLELLAND'S MOTIVTHEORIE

Abstract

Der Ansatz der Führungskraft-Kategorisierung nimmt an, dass Führungsmaßnahmen umso effektiver sind, je stärker Führungskräfte mit den impliziten Vorstellungen ihrer Mitarbeiter über Führung (Führungsprototypen) übereinstimmen. Bekannt ist, dass Führungsprototypen stark kulturell geprägt sind. Es stellt sich dabei die Frage, ob noch andere Einflüsse auf die Impliziten Führungstheorien einwirken. Im vorliegenden Beitrag wurde deshalb im Rahmen eines Pilotexperiments untersucht, ob die Ausprägung einer Person auf ihrem expliziten Macht- und Affiliationsmotiv eine Auswirkung auf die Präferenz bestimmter kulturspezifischer Führungsdimensionen hat. Dafür wurde einer Stichprobe (N = 113, M(Alter) = 25.08, 81.4% weiblich), die zu 90.3% aus deutschen Teilnehmern bestand, die UMS-6 zur Erhebung der expliziten Motive und die Kurzfassung des GLV/GLOBAL6-FB zur Erfassung der Impliziten Führungstheorien in der jeweils deutschsprachigen Version vorgelegt. Die Untersuchung stützt die Annahme, dass die Ausprägung auf dem expliziten Machtmotiv in einem negativen Zusammenhang mit der Präferenz der partizipativen Führungsdimension steht (b = -.32, p < .01). Das Ergebnis wird nicht durch kulturelle Einflüsse verzerrt. Die Studie erweitert die gegenwärtige mitarbeiterzentrierte Perspektive auf Führung um einen motivationalen Aspekt.

Schlüsselwörter: Implizite Führungstheorien, explizite Motive

1 Einleitung

"Alles, was irgend zur Welt gehört und gehören kann, ist unausweichbar mit diesem Bedingtsein durch das Subjekt behaftet und ist nur für das Subjekt da. Die Welt ist Vorstellung." In diesem Zitat von Arthur Schopenhauer (2014) wird deutlich, welche Kraft, welche Intensität die Vorstellung eines Menschen hat. Doch nicht nur die Philosophie hat sich mit der Vorstellung des Menschen beschäftigt, sondern auch die Psychologie. Empirische Forschung stützt folgende Thesen:

Jede Person hat Implizite Führungstheorien, also eine genaue Vorstellung davon, welche Eigenschaften die ideale Führungskraft hat (Lord & Maher, 1991). Verwendet werden die Impliziten Führungstheorien, um effektive Führung zu verstehen und zu erkennen. Als Führungskraft wahrgenommen zu werden, ist eine wesentliche Voraussetzung für die Wirksamkeit der Führungsmethoden (Lord & Maher, 1991). Die Impliziten Führungstheorien wurden im Rahmen des "Global Leadership and Organizational Effectiveness (GLOBE) Research Program" von House, Hanges, Javidan, Dorfman und Gupta (2004) in sechs Führungsdimensionen kategorisiert, wovon die charismatische und die teamorientierte Dimension universaler Natur und die hierarchische, die autonome, die humanorientierte und die partizipative kulturspezifisch sind (Brodbeck, Frese, Akerblom, Audia, Bakacsi, ... Wunderer, 2000).

Doch was beeinflusst die Impliziten Führungstheorien einer Person neben der kulturellen Prägung noch? Im Rahmen dieser Bachelorarbeit wurde in einem Pilotexperiment untersucht, ob die Ausprägung einer Person auf dem Machtmotiv und dem Affiliationsmotiv eine Auswirkung auf die Präferenz bestimmter kulturspezifischer Führungsdimensionen hat.

2 Theoretischer Hintergrund und aktueller Forschungsstand

2.1 Die GLOBE Studie und die Impliziten Führungstheorien

"Gruppen sind der Kontext, in welchem Führung stattfindet." (Northouse, 2010). Umso wichtiger ist es diesen Kontext bei der Führungsforschung zu berücksichtigen. Dazu gehören zum Beispiel gesellschaftskulturelle und geschäftliche Faktoren, die eine Gruppe wesentlich beeinflussen können. Untersuchungen im Rahmen der GLOBE-Studie unterstützen die Annahme, dass effektive Führung erheblich stärker von gesellschaftskulturellen als von geschäftlichen Faktoren abhängt (Brodbeck, 2008). Das heißt, kulturell generierte Unterschiede in Führungskonzepten können die Reaktionen von Mitarbeitern auf zum Beispiel ausländische Manager so beeinflussen, dass kulturübergreifende Führung in ihrem Erfolg behindert wird (Brodbeck et al., 2000). Möchte man als Führungsperson in einem anderen Kulturraum effektiv sein, ist es notwendig bestimmte kulturspezifische Überzeugungs- und Wertsysteme zu verstehen (Brodbeck & Breuninger, 2010).

Das GLOBE-Projekt (House et al., 2004) ist eines der umfangreichsten Projekte der Führungsforschung. Es wurde 1994 von Robert House, Wharton School of Management, veranlasst (Brodbeck & Breuninger, 2010). Dieses multinationale ($N = 62$), sich über drei verschiedene Industriezweige (Telekommunikation, Lebensmittel, Finanzservice) (Brodbeck, Hanges, Dickson, Gupta & Dorfman, 2004) und über mehr als 900 Organisationen erstreckende, aus mehreren Phasen bestehende Projekt beschäftigt sich mit Gesellschafts- und Organisationskultur sowie mit Führung und Leistung (Brodbeck & Eisenbeiss, 2012; House et al., 2004; Spieß & von Rosenstiel, 2010). Mehr als 170 Wissenschaftler engagieren sich innerhalb des gesamten Programms und versuchen die Charakteristika zu erfassen, die in den 62 verschiedenen Kulturen erfolgreichen Führungspersonen zugeschrieben werden (House et al., 2004; Spieß & von Rosenstiel, 2010).

Ursprung der GLOBE Untersuchung ist folgende Überlegung zu kognitiven Schemata: Diese geht davon aus, dass eine Führungskraft dann erfolgreich ist, wenn sie der Vorstellung, dem subjektiven, kognitiven Schema entspricht, das ein Mitarbeiter von einer herausragenden Führungspersönlichkeit hat (Brodbeck, 2006; Lord & Maher, 1991; Shondrick, Dinh & Lord, 2010). Ein Schema ist definiert als eine Zusammenstellung von

MERKMALE EFFEKTIVER FÜHRUNG UND MCCLELLAND'S MOTIVTHEORIE

Attributen oder charakteristischen Eigenschaften einer Person (Brodbeck et al., 2000). Diese Vorstellungen werden im Rahmen der Arbeits- und Organisationspsychologie durch den Ansatz der Impliziten Führungstheorien beschrieben. Um diesen Ansatz besser verstehen zu können, wird zunächst die Rolle des Einflusses im Rahmen von Führung genauer erläutert.

Denn ohne Einfluss existiert keine Führung (Nothouse, 2010). Das bedeutet, dass Führungskräfte in der Lage sein sollen, ihre Mitarbeiter beeinflussen zu können (Yukl, 2002). Führung baut daher auf mindestens zwei Parteien auf: Einer lenkenden Führungskraft und Mitarbeitern, die offen für den Einfluss von Seiten der Führungskraft sein sollten (van Quaquebeke & Brodbeck, 2008). Wenn Führung nicht mittels Repression und Druck geschehen soll, stellt sich unweigerlich die Frage, wie sich Mitarbeiter aus freien Stücken führen lassen. Der Ansatz der Impliziten Führungstheorien (im Englischen Implicit Leadership Theories, ILTs; Lord & Maher, 1991) stellt hierfür eine mögliche Antwort dar. Dieser Ansatz richtet sich nach folgender Definition: "Die wichtigste Qualität einer Führungskraft ist, als solche anerkannt zu werden." (Bass & Bass, 2008).

Individuen werden den ILTs zufolge auf der Basis der wahrgenommenen Übereinstimmung zwischen ihrem Verhalten oder ihren Charaktereigenschaften und den Attributen des subjektiven, kognitiven Schemas einer Führungskraft als solche kategorisiert (Epitropaki & Martin, 2005). Das bedeutet, dass sich ein Mitarbeiter eher durch eine Führungskraft führen lässt, die er auch als solche betrachten bzw. kategorisieren kann. Entspricht eine Führungsperson in etwa den prototypischen Vorstellungen seiner Mitarbeiter, lassen diese sich von der Führungskraft beeinflussen (van Quaquebeke & Brodbeck, 2008), respektieren die Führungsperson mehr (van Quaquebeke, van Knippenberg & Brodbeck, 2011) und erkennen und verstehen effektive Führung (Epitropaki & Martin, 2004; Lord & Maher, 1991). Das heißt, wenn das Schema der idealen Führungskraft bei einer Person unbewusst aktiviert wird, dann verhält sich diese Person konsistent zum aktivierten Schema (Brodbeck et al., 2000). Die Beziehung zwischen Führungskraft und Mitarbeiter ist bei einer prototypischen Übereinstimmung zwischen den Eigenschaften der Führungskraft und den impliziten Vorstellungen des Mitarbeiters durch Vertrauen, Motivation und hoher Leistungsbereitschaft charakterisiert (Brodbeck et al., 2000).

Der Ansatz der Impliziten Führungstheorien geht von Folgendem aus: Personen entwickeln aufgrund ihrer Sozialisation in Gruppen implizite Vorstellungen sowohl über

MERKMALE EFFEKTIVER FÜHRUNG UND MCCLELLAND'S MOTIVTHEORIE

Führungsprozesse als auch über Führungskräfte. Diese Annahmen werden als Interpretationshintergrund verwendet, vor dem Personen ihre Beurteilungen von und ihr Verhalten gegenüber Führungskräften vornehmen (van Quaquebeke & Brodbeck, 2008). Implizite Führungstheorien sind sozial konstruierte Vorstellungen von effektiver und ineffektiver Führung (Bullough & Sully de Luque, 2015).

Zunächst erklärte der von Rush, Thomas und Lord (1977) entwickelte ILT-Ansatz Messfehler und andere Verzerrungen in der Führungsforschung. Erst im Laufe der Zeit erkannte man die unmittelbare Bedeutung kognitiver Wahrnehmungs- und Interpretationsprozesse für Führungsprozesse (Schyns & Meindl, 2005; Shamir, Pillai, Bligh & Uhl-Bien, 2006). Experimentelle Studien im Bereich der ILTs untermauern die These, dass Menschen Kategorisierungsprozesse nutzen, wenn sie Vorstellungen bezüglich Führung bilden (Brodbeck et al., 2000).

Zwei kognitive Verarbeitungsmechanismen üben einen Einfluss auf die Einschätzung der Führungsqualitäten anderer Personen aus (van Quaquebeke & Brodbeck, 2008): Zum einen werden auf der Basis von impliziten Annahmen über den Führungsprozess beispielsweise Arbeits(miss)erfolge bestimmten Führungsqualitäten zugeschrieben. Auf der andern Seite setzen Personen implizite Vorstellungen über eine herausragende Führungskraft als kognitiven Maßstab an ihre Führungspersonen (van Quaquebeke & Brodbeck, 2008).

Mit dem ersten kognitiven Verarbeitungsmechanismus wird das Phänomen erfasst, dass Mitarbeiter vor allem Führungskräften die Verantwortung für besondere Erfolge, aber auch für besondere Misserfolge zuschreiben. Bei durchschnittlichen Leistungen werden hingegen vermehrt auch andere Faktoren hinzugezogen. Dieses Zuschreibungsmuster tritt auch dann auf, wenn eine direkte Beziehung zwischen Führung und Erfolg objektiv nicht vorliegt (van Quaquebeke & Brodbeck, 2008). Das kann zu Problemen führen, wenn Führungskräfte fälschlicherweise alleine für den (Miss)Erfolg ihres Teams verantwortlich gemacht werden (Brown, Scott & Lewis, 2004).

Der zweite Mechanismus zeigt zum Beispiel, dass Führungsprototypen größtenteils auch kulturspezifisch geprägt sind. Hierauf baut die Forschung zu Führungskraft-Kategorisierung auf. Von hauptsächlichem Interesse sind dabei die zu erwartenden Konsequenzen, wenn Eigenschaften einer tatsächlichen Führungsperson denjenigen des

Führungsprototypen eines Mitarbeiters mehr oder weniger entsprechen (van Quaquebeke & Brodbeck, 2008). Eine weitreichende Übereinstimmung zwischen Prototyp und Führungskraft bewirkt eine bessere Beziehungsqualität zwischen Mitarbeiter und Führungspersonal, ein erhöhtes organisationales Commitment sowie ein gesteigertes Wohlbefinden des Mitarbeiters (Epitropaki & Martin, 2005). Diskrepanzen rufen hingegen schlechtere Aktivierung von Führungsschemata bei Geführten und schlechtere Enkodierung der Handlungen ihrer Führungskräfte als Führungsverhalten hervor (Scott & Brown, 2006). Deshalb ist eine Passung zwischen Vorstellung und Realität für beide, Mitarbeiter und Führungskraft, von eindeutig praktischer Relevanz und Wichtigkeit.

Innerhalb der Führungskraft-Kategorisierung können zwei Arten von Prototypen unterschieden werden: Die allgemeine Tendenz von Führungskraft-Prototypen, also die typischen Prototypen einer Führungskraft und die idealen Führungskraft-Prototypen (van Quaquebeke, Graf & Eckloff, 2014). Die typische und die ideale Vorstellung einer Führungskraft sind nicht identisch (Junker & van Dick, 2014), hängen aber positiv zusammen (van Quaquebeke et al., 2014). Beide beeinflussen die Impliziten Führungstheorien einer Person. Der ideale Führungskraft-Prototyp ist jedoch prädiktiver für die Reaktionen des Mitarbeiters gegenüber der tatsächlichen Führungsperson (van Quaquebeke et al., 2014).

Die Kategorisierungstheorie ist nicht nur eine Theorie über Führungswahrnehmung, sondern erklärt auch viele andere Aspekte der sozialen Informationsverarbeitung in der Führungsdomäne, wie zum Beispiel soziales Wissensmanagement und Erinnerung an bisherige Führungserfahrung (Shondrick et al., 2010). Auf diese Aspekte wird hier jedoch nicht weiter eingegangen, da sie für die hier durchgeführte Untersuchung nicht relevant sind.

Zwar werden prototypische Vorstellungen von Führungskräften über verschiedene Personen einer Gruppe beispielsweise über einen gemeinsamen gesellschaftskulturellen Hintergrund sozial geteilt, dennoch bleiben sie im Kern stets individuell entwickelte, idiosynkratische Konzeptionen (van Quaquebeke & Brodbeck, 2008). Interindividuelle Abweichung ergibt sich unter anderem durch persönliche Erlebnisse mit Führung, verschiedene Ausbildungs- und Berufshintergründe oder organisationale Faktoren (Lord, Brown, Harvey & Hall, 2001). Die unterschiedlichen Prototypen einer idealen Führungskraft werden außerdem in Abhängigkeit von der Situation aktiviert. Die Situation selbst wird durch

MERKMALE EFFEKTIVER FÜHRUNG UND MCCLELLAND'S MOTIVTHEORIE

Kultur, Organisation, Führung, Mitarbeiter und Aufgabe bestimmt (Junker & van Dick, 2014).

Das GLOBE-Programm hat sich mit der Untersuchung und Kategorisierung von universalen und kulturspezifischen Führungsdimensionen, also den sozial geteilten, prototypischen Konzepten von Führungskräften befasst. Denn Studien haben gezeigt, dass Personen, die über einen längeren Zeitraum Mitglieder einer Gemeinschaft, Gesellschaft oder Organisation sind, ähnliche Führungsprototypen teilen (Brodbeck et al., 2000; Dorfman, Hanges & Brodbeck, 2004). Das rührt daher, dass ihre Impliziten Führungstheorien mit den Werten, Überzeugungen und Normen ihrer Gemeinschaft verbunden sind (Ruderman, Brodbeck, Eckert, Gentry & Braddy, 2011).

Projekt GLOBE hat sechs globale Führungsdimensionen ermittelt (Dorfman et al., 2004), indem das Konzept der ILTs um ein kulturelles Theorielevel erweitert wurde: Die kulturell geprägten Impliziten Führungstheorien (im Englischen Culturally Endorsed Implicit Theories of Leaders, CLT; Dorfman et al., 2004). Die Forschung im Rahmen des GLOBE Projekts stützt dabei die These, dass Personen innerhalb einer kulturellen Gruppe in ihren Vorstellungen über Führung so übereinstimmen, dass es statistisch signifikante Unterschiede zwischen den Kulturen bezüglich der Vorstellung von effektiver Führung gibt (Dorfman et al., 2004). Führungsprototypen weisen demnach eine starke kulturelle Prägung auf (van Quaquebeke & Brodbeck, 2008). Die sechs Führungsdimensionen wurden folgendermaßen kategorisiert: Die charismatische und die teamorientierte Dimension sind universal, also kulturunabhängig. Die hierarchische, die autonome, die humanorientierte und die partizipative sind hingegen kulturspezifisch (Brodbeck et al., 2000).

Die hierarchische Führungsdimension zeichnet sich durch den Grad aus, inwieweit eine Führungsperson andere durch formalen Status, Autorität oder positionsbedingte Macht beeinflusst (Ruderman et al., 2011). Das Ausmaß, in welchem eine Führungskraft unabhängig, individualistisch oder selbstständig ist, wird durch die autonome Dimension beschrieben. Die charismatische Dimension erfasst den Grad, inwieweit die Führungskraft andere durch Vision oder Werte inspiriert, die Mitarbeiter motiviert und hohe Leistungserwartungen setzt (Ruderman et al., 2011). Im Rahmen der humanorientierten Führungsdimension wird dargestellt, in welchem Umfang eine Führungsperson sich unterstützend, mitfühlend, aufmerksam und selbstlos verhält. Das Wohlfühlen der Mitarbeiter liegt einer solchen Führungskraft am Herzen (Ruderman et al., 2011). Die partizipative Dimension beschreibt das Ausmaß, in dem eine Führungskraft Macht teilt, anderen erlaubt bei Entscheidungen mitzuwirken und ihr Handeln an diesen gemeinsam getroffenen Entscheidungen ausrichtet (Ruderman et al., 2011). Inwieweit sich eine Führungskraft effektiv für die Teambildung einbringt und das Team in Richtung eines gemeinsamen Ziels lenkt, Loyalität, Stolz und Kohäsion zwischen den einzelnen Teammitgliedern vermittelt, wird in der teamorientierten Dimension erfasst (Ruderman et al., 2011).

Mehr als 30 Jahre Forschungsarbeit unterstützen die grundlegenden Theoreme der Impliziten Führungstheorien und der kulturell geprägten Impliziten Führungstheorien (van Quaquebeke et al., 2011). Die mitarbeiterzentrierte Perspektive auf Führung hat einen enormen Beitrag zum Forschungsfeld im Bereich der Arbeits- und Organisationspsychologie geleistet: Sie zeigt, wie kognitive Repräsentationen von Führung bei Personen ihre Reaktionen gegenüber tatsächlichen Führungskräften beeinflussen (van Quaquebeke et al., 2011).

Neuere Untersuchungen unterstützen zum Beispiel die Annahme, dass das Selbstbild einer Person eine moderierende Rolle in den Führungskraft-Kategorisierungs-Prozessen spielt (van Quaquebeke et al., 2011). Das Selbstbild von Personen in Referenz zu ihrem Prototypen einer idealen Führungskraft beeinflusst das Ausmaß, in dem sie den Führungsprototypen verwenden, um tatsächliche Führungspersonen zu beurteilen (van Quaquebeke et al., 2011). Das heißt, je repräsentativer sich eine Person bezüglich einer bestimmten Kategorie fühlt, desto wichtiger sind die Kriterien dieser Kategorie. Sie werden zu einem Standard für die Strukturierung und das Reaktionsverhalten gegenüber der sozialen Welt (van Quaquebeke et al., 2011).

Eine weitere aktuelle Studie (Ruderman et al., 2011) untermauert die Annahme, dass bei den kulturspezifischen Führungsdimensionen, insbesondere bei der autonomen und hierarchischen Dimension durch eine Kongruenz zwischen den Erwartungen der Mitarbeiter und dem tatsächlichen Verhalten der Führungsperson die Effektivität der Führungsmaßnahmen gesteigert wird. Bei den beiden universalen Führungsdimensionen hat hingegen nur die Wahrnehmung des tatsächlichen Verhaltens einer Führungskraft auf der charismatischen und teamorientierten Dimension eine direkte Auswirkung die Effektivität der Führung (Ruderman et al., 2011). Dies stellt einen interessanten, neuen Aspekt im Rahmen der ILTs dar. Denn dadurch wird die These gestützt, dass die beiden universalen Führungsdimensionen zentrale Aspekte der ILTs von Individuen sind (Ruderman et al., 2011).

Aber auch in anderen Gebieten bietet das Projekt GLOBE mögliche Antworten: Im Bereich des kulturübergreifenden Wissenstransfers, der im globalen Zeitalter immer wichtiger wird, zeigt GLOBE Möglichkeiten auf, wie die hier auftretenden kulturellen Hürden und Herausforderungen gemeistert werden können (Javidan, Stahl, Brodbeck & Wilderom, 2005). Bei einem effektiven Management können kulturelle Unterschiede eine Quelle von Synergie und Stimulus für gegenseitige Lernprozesse sein (Javidan et al., 2005). GLOBE bietet dabei ein präzises Werkzeug, um Managern zu helfen die Gemeinsamkeiten und Unterschiede zwischen verschiedenen Kulturen weltweit zu verstehen und ermöglicht einen proaktiven und konstruktiven Zugang zur Lösung kulturübergreifender Aspekte (Javidan et al., 2005).

Die nach wie vor aktive Forschung in diesem Bereich und die kontinuierliche Fortführung von GLOBE demonstriert, dass es immer noch einen hohen Bedarf an empirischen Untersuchungen gibt, um neue Erkenntnisse zu generieren. Die Forschung hat sich aber bisher weitgehend auf die kulturellen Unterschiede der ILTs konzentriert (Epitropaki, Sy, Martin, Tram-Quon & Topakas, 2013).

Im Rahmen dieser Bachelorarbeit wurde ein anderer Aspekt als mögliche Einflussquelle auf die ILTs erforscht: Haben die Motive eines Individuums einen Einfluss auf seine Impliziten Führungstheorien? Mithilfe eines Pilotexperiments wurde untersucht, ob das individuelle, explizite Affiliationsmotiv eine Auswirkung auf die Präferenz der humanorientieren Führungsdimension und das individuelle, explizite Machtmotiv einen Einfluss auf die Bevorzugung der autonomen und partizipativen Führungsdimension hat. Die Untersuchung deutet darauf hin, dass auch motivationale Aspekte einen signifikanten Einfluss auf die Präferenz der partizipativen Führungsdimension haben.

2.2 McClelland's Motivtheorie und explizite Motive

"Man liebt das, wofür man sich müht, und man müht sich für das, was man liebt." (Fromm, 2001). Weniger poetisch definiert McClelland (1980, 1987) ein Motiv folgendermaßen: Es erfasst, vorausgesetzt es ist durch Aufforderungsgehalte in der Umwelt hervorgerufen worden, drei Funktionen: Das Motiv energetisiert, orientiert und wählt Verhaltensweisen aus, die für seine Befriedigung wesentlich sind. Motive sind demnach die Antriebsfedern hinter individuellen Handlungen.

Eine entscheidende Revolution innerhalb der Motivforschung stellte die Entdeckung der impliziten und expliziten Motive von McClelland dar. Durch sie konnten die unterschiedlichen Ergebnisse, die bei zwei verschiedenen Testmethoden über Motive derselben Versuchsperson auftraten, geklärt werden (Heckhausen & Heckhausen, 2010).

Implizite oder auch unbewusste (Lang, Zettler, Ewen & Hülsheger, 2012) Motive, die operantes Verhalten vorbestimmen, rühren von Assoziationen zwischen motivthematischen Handlungen und Emotionen her, die in vorsprachlicher Kindheit gebildet wurden. Früheste Interaktionsmuster prägen diese Motive, wobei sie vor allem spontane Verhaltenstendenzen vorhersagen (McClelland, Koestner & Weinberger, 1989). Typischerweise werden implizite Motive als "Wünsche und Sehnsüchte" beschrieben (Lang et al., 2012).

Implizite oder auch latente Motive werden mit projektiven Tests gemessen (Heckhausen und Heckhausen, 2010; Lang et al., 2012), da sie sich weitgehend der Introspektion entziehen und aus diesem Grund nicht direkt gemessen werden können (Kehr, 2004). Ein solcher ist der TAT, der Thematische Apperzeptionstest (Murray, 1943).

Explizite Motive sind bewusste, vorsätzliche, verbalisierbare Ziele (Heckhausen und Heckhausen, 2010). Sie beruhen auf dem bewussten Selbstbild der Probanden und den Ansprüchen und Bewertungen anderer. Zum Ausdruck kommen sie unter anderem bei der Rechtfertigung von Entscheidungen. Erfasst werden die expliziten Motive in Fragebögen zum Selbstbild der Probanden und mithilfe von Selbstberichten (Heckhausen & Heckhausen, 2010, Lang et al., 2012).

DeCharms, Morrison, Reitman und McClelland (1955) zählen zu den ersten Autoren, die darlegten, dass zwischen impliziten (TAT) und expliziten Motiven (Fragebogen)

14

MERKMALE EFFEKTIVER FÜHRUNG UND MCCLELLAND'S MOTIVTHEORIE

mehrfach auffallende Abweichungen bestehen. McClelland's Idee, implizite Motive von expliziten Motiven zu unterscheiden, hat zu einer größeren Klarheit bei der Interpretation empirischer Befunde der Motivationspsychologie geführt: Beide Motivtypen sind mit charakteristischen und klar voneinander unterscheidbaren Verhaltensmerkmalen verbunden. Sie sprechen auf unterschiedliche Anreize an und reflektieren verschiedene Arten von Bedürfnissen (Heckhausen & Heckhausen, 2010).

Bei McClelland's Modell dualer Motive handelt es sich aber um eine nachträgliche Interpretation von Studien, bei welchen nur selten beide Arten von Motiven in ein und derselben Studie untersucht und erfasst wurden, da nur in den wenigsten Fällen eine Unterscheidung von impliziten und expliziten Handlungsmotiven intendiert war. Dennoch spricht vieles für McClelland's Unterscheidung in explizite und implizite Motive (Heckhausen & Heckhausen, 2010). Auch regt McClelland's Analyse stets neue Forschung an, welche dabei sowohl die Formen des Zusammenwirkens der beiden Motivarten als auch die spezifischen Effekte von expliziten und impliziten Motiven betrachtet, wie unter anderem in dieser Arbeit ersichtlich ist.

McClelland (1971) argumentiert, dass es drei allgemeine, motivationale Einflussfaktoren auf die Einstellung und Verhaltensweisen von Arbeitnehmern gibt: Das Bedürfnis nach Leistung, nach Anschluss und nach Macht. Dementsprechend unterscheidet man drei Motive: Das Affiliations-, das Macht- und das Leistungsmotiv. Das Affiliationsmotiv und das Machtmotiv wurden im Rahmen des hier durchgeführten Pilotexperiments in ihrer expliziten Form mithilfe des deutschsprachigen Fragebogens UMS-6 (Schönbrodt & Gerstenberg, 2012) gemessen, da sich die expliziten Motive einer Person im respondenten Verhalten dieser zeigen. Dieses Verhalten wird durch deutlich identifizierbare Konstellationen der Situation ausgelöst, sorgfältig erwogen und reflektiert und kann durch eine Person bewusst beeinflusst werden. Dies gilt z. B. für von der Person wohl überlegte Entscheidungen und Bewertungen (Heckhausen & Heckhausen, 2010; McClelland et al., 1989). Die expliziten Motive stellen hierbei einen interessanten Aspekt dar, da Personen sich bewusst für bestimmte Führungsmerkmale aussprechen, die ihren Zielen und Wünschen innerhalb der Organisation entsprechen. Es handelt sich um eine konkrete Bewertung und Entscheidung für oder gegen die Bevorzugung einer Führungsdimension, da diese Dimension den expliziten Motiven der geführten Personen entgegen kommt und so effektives Verhalten innerhalb der Organisation fördert.

Aus diesen Gründen ist es sinnvoll, das Affiliations- und das Machtmotiv hier explizit zu erfassen. Was nun eine macht- oder anschlussmotivierte Person auszeichnet, wird in den folgenden Gliederungspunkten definiert.

2.2.1 Definition des Affiliationsmotivs.

"Bekanntschaften machen und Beziehungen eingehen. Andere grüßen und mit anderen Menschen zusammenleben. Mit anderen kooperieren und einvernehmend umgehen. Menschen zu lieben. Sich Gruppen oder Gemeinschaften anzuschließen" (Murray, 1938, S. 83); (Übersetzung des Autors, Heckhausen & Heckhausen, 2010). Nach dieser Definition ziehen Personen mit einem stark ausgeprägten Affiliationsmotiv viel Zufriedenheit aus ihren sozialen Beziehungen und investieren konsequent viel Zeit und Energie in den Aufbau, die Aufrechterhaltung und Pflege dieser (Lang et al., 2012; McClelland, 1985). Murray (1938) führt als denkbare Ziele des Anschlussbedürfnisses folgende auf: Anderen nahe zu sein, zusammenzuarbeiten, zu konferieren, Freundschaften zu knüpfen und zu pflegen. Anschlussthematische Handlungen sind: Bekanntschaften zu machen, anderen Freude zu bereiten, von Beleidigungen anderer abzusehen sowie guten Willen und Sympathie zu zeigen (Heckhausen & Heckhausen, 2010). Das Affiliationsmotiv (Streben nach Kontakt und Geselligkeit) erhält im deutschsprachigen Raum auch die Bezeichnung Anschlussmotiv.

Ursprünglich wurde das Affiliationsmotiv gemeinsam mit dem Intimitätsmotiv betrachtet. Heutzutage fassen viele Autoren diese beiden Motive als verschieden auf (z. B. Sokolowski, 2008). Denn das Affiliationsmotiv befasst sich mit der Etablierung von freundschaftlichen Beziehungen zu eher unbekannten Personen und flüchtigen Bekannten. Hingegen fokussiert das Intimitätsmotiv das Ziel, anderen sehr nahe zu sein, positive, tiefgehende Interaktionen mit diesen Personen zu pflegen sowie Selbstoffenbarung und gegenseitigen Austausch mit anderen zu praktizieren (Sokolowski, 2008). Diese Interaktionsmuster treten normalerweise nur in wenigen engen Beziehungen mit wenigen besonderen Individuen auf (Schönbrodt & Gerstenberg, 2012). Gestützt wird diese Annahme von empirischen Daten (z. B. McAdams & Constantian, 1983; McAdams & Powers, 1981).

Das Intimitätsmotiv bezieht sich demnach auf den vertraulichen und engen Kontakt mit wenigen sehr nahe stehenden Personen und wird deshalb auch als Bindungs-, Nähe- oder Begegnungsmotiv bezeichnet (Heckhausen & Heckhausen, 2010). Deshalb wurde im Rahmen dieser Untersuchung das Affiliationsmotiv getrennt vom Intimitätsmotiv erhoben und nur das Affiliationsmotiv bei der statistischen Analyse betrachtet.

2.2.2 Definition des Machtmotivs

Personen mit einem stark ausgeprägten Machtmotiv haben hingegen ein starkes Bedürfnis nach Kontrolle und Selbstwirksamkeit (Djeriouat & Mullet 2013; Heckhausen & Heckhausen, 2010). Auf andere Personen oder Gruppen Einfluss zu nehmen und gleichzeitig den Einfluss anderer auf sich selbst zu minimieren, befriedigt dieses Motiv (Djeriouat & Mullet 2013; Schultheiss, 2008). Bei einem stark ausgeprägten Machtmotiv besteht eine hohe Tendenz Verhalten zu wiederholen, das dabei geholfen hat, andere zu dominieren (Lang et al., 2012).

In einer Definition, die sich an psychologischen Merkmalen ausrichtet, kann man zusammenfassend festhalten, dass Macht eine bereichsspezifische, asymmetrische, dyadische Beziehung charakterisiert, die in einer Gefällestruktur auf den Dimensionen "soziale Kompetenz", "Zugang zu Ressourcen" und "Statusposition" verläuft und sich in einer einseitig verlaufenden Verhaltenskontrolle zeigt (Heckhausen & Heckhausen, 2010).

Eine Machtkonstellation bekommt ihre motivationspsychologische Orientierung durch die Besetzung der Erfahrung realisierter Kontrolle. Dies sind Emotionen beim Kontrollerlebnis, die selbst zum Objekt von Antizipationen werden können und damit fundamental für einen motivationspsychologisch relevanten Anreizmechanismus sind (Heckhausen & Heckhausen, 2010).

2.3 Motive und Führung

Die Erkenntnisse der oben erläuterten Motivforschung finden schon seit langem Anwendung in der Führungsforschung. Das kontinuierliche Interesse und die damit verbundene Forschung über die Rolle von Dispositionsunterschieden und individuellen Verschiedenheiten in der Führungsforschung ist bemerkenswert (Delbecq, House, Sully de Luque & Quigley, 2013). Allgemein lässt sich dabei sagen, dass motivationale Unterschiede mit Führungseffektivität verbunden sind (Hoffman, Woehr, Maldagen-Youngjohn & Lyons, 2011). Insbesondere das Bedürfnis der Führungskraft nach Macht und ihre Ausprägung im Leistungsmotiv korrelieren stark positiv mit der Effektivität von Führung (Hoffman et al., 2011).

Bereits McClelland und Burnham (1976) untersuchten die TAT-Antwortprofile von hunderten Managern. Dabei entwickelten sie das *Leadership Motive Profile (LMP)*, das eine Kombination aus einem hohen Machtmotiv, einem niedrigen Affiliationsmotiv und ein hohes Interesse an moralischer Ausübung von Macht bei Managern beschreibt.

Desweiteren wurde bisher vor allem der Einfluss der impliziten Motive der Führungskräfte auf ihr tatsächliches Führungsverhalten und die damit verbundene Effektivität der Führungsmaßnahmen untersucht (Delbecq et al., 2013).

Delbecq und Kollegen (2013) haben in diesem Kontext den Zusammenhang zwischen dem impliziten Macht- und Affiliationsmotiv und dem charismatischen sowie partizipativen Führungsverhalten erforscht. Das charismatische Führungsverhalten zeichnet sich ebenso wie die charismatische Führungsdimension durch folgende Eigenschaften aus: Charismatische Führungskräfte beeinflussen Mitarbeiter mit ideologischen Werten, indem sie inspirierende Visionen vermitteln (Delbecq et al., 2013). Auch das partizipative Führungsverhalten entspricht in der Beschreibung der partizipativen Führungsdimension, da hier vor allem der geteilte Einfluss beim Treffen von Entscheidungen im Vordergrund steht (Yukl, 2010). Die impliziten Motive wurden mithilfe des TAT erfasst und das Führungsverhalten mit Messmethoden, die im Rahmen der Phase drei des GLOBE Projekts entwickelt wurden (Delbecq et al., 2013).

MERKMALE EFFEKTIVER FÜHRUNG UND MCCLELLAND'S MOTIVTHEORIE

Delbecq und Kollgen (2013) unterstützen durch ihre Forschung die Annahme, dass es einen negativen Zusammenhang zwischen dem impliziten Machtmotiv der Führungskräfte und dem charismatischem Führungsverhalten gibt. Dieses Ergebnis steht im Kontrast zu den Befunden von De Hoogh, Den Hartog, Koopman, Thierry, Van den Berg, Van der Weide und Wilderom (2005). Die Untersuchung dieser Forschergruppe unterstützt die These, dass charismatische Führung signifikant positiv mit dem Machtmotiv zusammenhängt.

Beim partizipativen Führungsverhalten ergab sich kein signifikanter Zusammenhang mit dem impliziten Machtmotiv, wobei die Forscher hier einen negativen vermutet hatten (Delbecq et al., 2013). Desweiteren stützen die Untersuchungen der Forscher die Hypothesen, dass das implizite Affiliationsmotiv negativ mit dem charismatischen und positiv mit dem partizipativen Führungsverhalten zusammenhängt. Hier besteht Einklang zwischen den Resultaten von De Hoogh und Kollegen (2005). Auch ihre empirische Forschung bekräftigt einen negativen Zusammenhang zwischen charismatischer Führung und dem impliziten Affiliationsmotiv.

Die Ergebnisse unterstützen die Annahme, dass die impliziten Motive von Führungskräften ihr Verhalten vorhersagen können (Delbecq et al., 2013), es aber teilweise widersprüchliche Befunde bezüglich der Einflussrichtung gibt.

Motivation und Motive zu verstehen ist aber nicht nur für die Wissenschaft sondern auch für Manager von entscheidender Bedeutung (Lawrence & Jordan, 2009). Meta-Analysen zeigen, dass motivierte Mitarbeiter mehr Leistung erbringen, ein höheres organisationales Commitment haben und zufriedener mit ihrer Arbeit sind (Lawrence & Jordan, 2009). Wie sich Mitarbeiter motivieren lassen, wurde demnach bereits vielfach erforscht (z. B. Flynn, 2011; Wiley, 1997), unter anderem auch um Motivationsprogramme für Mitarbeiter zu entwickeln (z. B. Islam & Ismail, 2008).

Im Bereich der Impliziten Führungstheorien gibt es aber nach bestem Wissen bisher keine Studien, die die motivationale Ausprägung der Führungskräfte oder der Mitarbeiter und mögliche Zusammenhänge zwischen den Motiven und der Präferenz bestimmter Führungsdimensionen von Individuen betrachten. Die einzige Untersuchung, die in diese Richtung geht, wurde im Rahmen des GLOBE Projekts durchgeführt und betrachtete den

MERKMALE EFFEKTIVER FÜHRUNG UND MCCLELLAND'S MOTIVTHEORIE

Zusammenhang zwischen der Machtdistanz, eine der GLOBE Dimensionen der sozialen und organisationalen Werte und Praktiken, und den CLT (Carl, Gupta & Javidan, 2004).

Die Machtdistanz reflektiert den Umfang, in welchem eine Gemeinschaft Autorität, Machtunterschiede und Statusprivilegien akzeptiert und unterstützt (House, Javidan, Hanges & Dorfman, 2002). Dabei beruht das Konzept der Machtdimension zum Teil auf der Forschung zum Leadership Motive Profile von McClelland und Burnham (1976), die oben beschrieben wurde.

House und Kollegen (2004) argumentieren hier, dass die Perspektive des Machtbedürfnisses nahelegt, dass sich Individuen in ihren Motiven und Einstellungen bezüglich Machtgebrauch unterscheiden. Machtdistanz kann akzeptiert werden, wenn das Bedürfnis nach Macht sozialisiert ist oder von einer Person mit Einfluss ausgeübt wird (Carl et al., 2004).

In diesem Kontext werden von den Untersuchungen von Carl und Kollegen (2004) die Annahmen gestützt, dass die kulturell praktizierte Machtdistanz unter anderem signifikant negativ mit der partizipativen und autonomen Führungsdimension zusammenhängt. Das heißt, wenn Mitarbeiter eine Organisation als Machtdistanz wahrend beschreiben, ist ein partizipativer und autonomer Führungsstil eher unwahrscheinlich (Carl et al., 2004).

Die in dieser Arbeit behandelte Fragestellung, ob das individuelle, explizite Affiliationsmotiv eine Auswirkung auf die Präferenz der humanorientieren Führungsdimension und das individuelle, explizite Machtmotiv einen Einfluss auf die Bevorzugung der autonomen und partizipativen Führungsdimension hat, stellt somit ein Pilotexperiment dar. Denn bisher wurde der Zusammenhang zwischen den expliziten Motiven einer Person und ihren Impliziten Führungstheorien nicht untersucht.

2.4 Hypothesen

Die Hypothesen, die hinter der hier untersuchten Fragestellung stehen, werden im Folgenden erläutert und argumentativ aus den bisherigen Darstellungen der Theorie abgeleitet.

Hypothese 1:

Geführte Personen mit einem stark ausgeprägten Affiliationsmotiv bevorzugen die humanorientierte Führungsdimension.

Eine hoch anschlussmotivierte Person zeichnet sich dadurch aus, dass sie mit anderen zusammenarbeiten und einvernehmend umgehen möchte, von Unfreundlichkeiten anderer absieht sowie guten Willen und Sympathie zeigt (Heckhausen & Heckhausen, 2010).

Diesen Merkmalen des Affiliationsmotives wird im Rahmen der humanorientierten Führungsdimension stärker entsprochen, da hier die Führungskraft hilfsbereit, unterstützend, anteilnehmend, mitfühlend, rücksichtsvoll, aufmerksam und generös ist. Das Wohlbefinden der Unterstellten liegt einer solchen Führungskraft am Herzen (Ruderman, et al., 2011).

Durch ein humanorientiertes Führungsverhalten fördert die Führungskraft anschlussthematische Handlungen, indem sie ein durch Unterstützung, Rücksicht und Aufmerksamkeit geprägtes Arbeitsklima schafft. Ein positiver Zusammenhang zwischen der Ausprägung im Affiliationsmotiv und der Präferenz für die humanorientierte Führungsdimension ist demnach plausibel. In Abbildung 1 ist dieser Zusammenhang im Pfadmodell dargestellt.

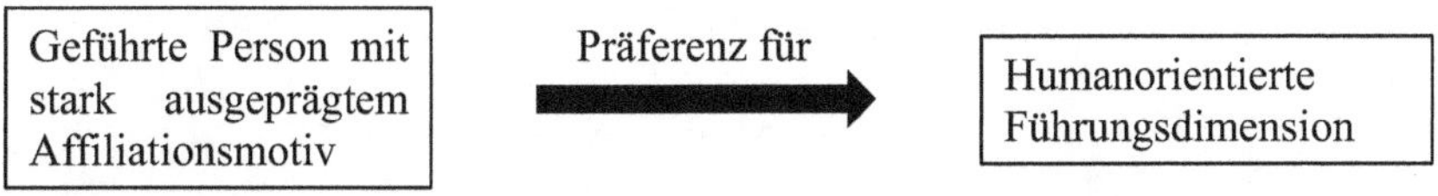

Geführte Person mit stark ausgeprägtem Affiliationsmotiv	Präferenz für ⟶	Humanorientierte Führungsdimension

Abbildung 1. Darstellung der Hypothese 1 im Pfadmodell.

21

Hypothese 2:

Geführte Personen mit einem stark ausgeprägten Machtmotiv bevorzugen die partizipative Führungsdimension.

Personen mit einem stark ausgeprägten Machtmotiv haben ein intensives Bedürfnis nach Kontrolle und Selbstwirksamkeit (Heckhausen & Heckhausen, 2010).

Dieses Motiv wird von der partizipativen Führungsdimension stärker befriedigt, da hier die Führungsperson die Mitarbeiter in den Entscheidungsprozess einbezieht, Macht teilt und in der Delegation von Aufgaben bestärkt (Ruderman et al., 2011).

Der Geführte kann hier aktiv Kontrolle ausüben, Macht übernehmen und das Treffen von Entscheidungen maßgeblich beeinflussen. Dem intensiven Bedürfnis nach Selbstwirksamkeit und dem Wunsch, Gruppen zu dominieren und zu beeinflussen (Heckhausen & Heckhausen, 2010), wird im Rahmen der partizipativen Führungsdimension mehr Raum zur Befriedigung geboten.

Somit ist die Präferenz von stark machtmotivierten Mitarbeitern für die partizipative Führungsdimension eine plausible Annahme. Der positive Zusammenhang zwischen dem expliziten Machtmotiv und der Bevorzugung der partizipativen Führungsdimension ist in Abbildung 2 im Pfadmodell dargestellt.

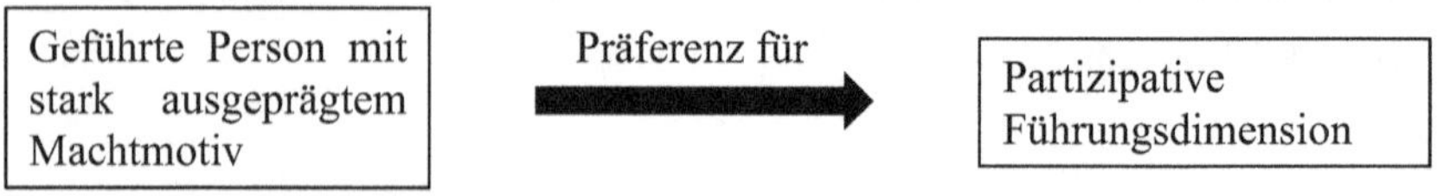

| Geführte Person mit stark ausgeprägtem Machtmotiv | Präferenz für → | Partizipative Führungsdimension |

Abbildung 2. Darstellung der Hypothese 2 im Pfadmodell.

MERKMALE EFFEKTIVER FÜHRUNG UND MCCLELLAND'S MOTIVTHEORIE

Hypothese 3:

Geführte Personen mit einem stark ausgeprägten Machtmotiv bevorzugen die autonome Führungsdimension nicht.

Auf andere Personen oder Gruppen Einfluss zu nehmen (Djeriouat & Mullet, 2013; Schultheiss, 2008), Verhalten zu wiederholen, das dabei geholfen hat, andere zu dominieren (Lang et al., 2012) und eine einseitig verlaufende Verhaltenskontrolle ausüben zu können (Heckhausen & Heckhausen, 2010), sind Merkmale einer hoch machtmotivierten Person. Eine solche Erfahrung realisierter Kontrolle kann bei einer autonomen Führungskraft, die selbstständig und unabhängig arbeitet, nicht erreicht werden.

Eine Führungskraft mit zu starken autonomen Führungsmerkmalen trifft Entscheidungen lieber alleine, ist unabhängig und individuell (Ruderman et al., 2011) und bietet damit einer hoch Macht motivierten Person kaum Möglichkeit zur Kontrolle. Zudem lässt sich schwer Einfluss auf eine autonome, eigenständige Führungskraft nehmen. Durch das Verhalten einer autonomen Führungskraft wird einem stark machtmotivierten Mitarbeiter wenig Raum zur Befriedigung des Motivs geboten.

Deshalb ist ein negativer Zusammenhang zwischen der Ausprägung auf dem Machtmotiv und der Bevorzugung der autonomen Führungsdimension einleuchtend. In Abbildung 3 ist dieser Zusammenhang im Pfadmodell dargestellt.

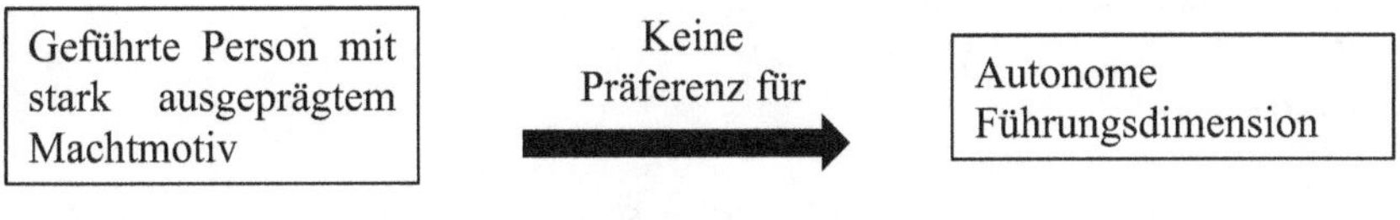

Geführte Person mit stark ausgeprägtem Machtmotiv	Keine Präferenz für ⟶	Autonome Führungsdimension

Abbildung 3. Darstellung der Hypothese 3 im Pfadmodell.

3 Methoden

Um diese Hypothesen zu testen, wurde im Design einer Querschnittsstudie eine anonyme Befragung mithilfe eines auf der Internetplattform *SoSci Survey* (Leiner, 2014) erstellten Online-Fragebogens, der im Internet unter anderem in dem sozialen Netzwerk *Facebook* beworben wurde, durchgeführt. Der Online-Fragebogen wurde den Teilnehmern auf www.soscisurvey.de zur Verfügung gestellt. Jeder, der wollte, konnte an der Studie teilnehmen.

Psychologiestudenten der Ludwig-Maximilians-Universität München und der Universität der Bundeswehr in Neubiberg erhielten für ihre Teilnahme eine halbe Versuchspersonenstunde anerkannt.

In der psychologischen Fakultät der Ludwig-Maximilians-Universität München wurden zusätzlich Flyer mit der Internetadresse des Fragebogens aufgehängt, um Personengruppen, die nicht auf Facebook aktiv sind, zu erreichen. Außerdem wurde in den Grundlagenvorlesungen des Hauptfachs Psychologie und Schulpsychologie für die Studie geworben, um weitere Probanden für die Teilnahme zu gewinnen. Eine E-Mail mit der Bitte um Teilnahme, Informationen über die Studie sowie der Internetadresse des Fragebogens wurde über einen E-Mail-Verteiler an alle Interessenten zu psychologischen Studien im Bereich der Wirtschafts- und Organisationspsychologie versendet.

Eine Poweranalyse mit G*Power ergab, dass für die hier durchgeführte Untersuchung bei einer mittleren Effektstärke (*Cohens f^2* = .15), einer Power von β = .95 und einem α = .05 mindestens 74 Personen teilnehmen müssen.

3.1 Teilnehmer

Innerhalb des Zeitraums vom 14.04.2015 bis einschließlich dem 08.05.2015, zu welchem der Fragebogen online ausgefüllt werden konnte, wurde der Fragebogen von 131 Personen aufgerufen. Davon beendeten 117 Teilnehmer den Fragebogen.

Personen, die den Fragebogen in zu kurzer Zeit beantworteten, als dass eine konzentrierte Bearbeitung der einzelnen Items gewährleistet werden konnte, wurden bei der statistischen Analyse ausgeschlossen. Letztendlich ergab sich eine ausreichende

Teilnehmerzahl von insgesamt 113 Personen, die die Befragung in angemessener Zeit vollständig beantwortet hatten.

Davon waren 81.4% weiblich. 93.8% der 113 Teilnehmer waren Studenten. Von den 113 Teilnehmer waren 17.7% Angestellte und 10.6% selbstständig beziehungsweise freiberuflich tätig. Alle Teilnehmer konnten bei der Frage nach ihrer derzeitigen Tätigkeit mehrere der Möglichkeiten aus *Student(in), Angestellte(r)* und *selbstständig / freiberuflich* wählen, weshalb es Überschneidungen zwischen den Kategorien gab: 13.3 % der 113 Teilnehmer waren sowohl Studenten als auch Angestellte, 6.2% sowohl Studenten als auch freiberuflich tätig und 1.8% sowohl Angestellte als auch selbstständig.

Von den 113 Probanden hatten 35.4% Arbeitserfahrung von null bis sechs Monaten, 15.9% Arbeitserfahrung von sechs bis zwölf Monaten, 14.2% Arbeitserfahrung von einem bis zwei Jahre, 12.4% Arbeitserfahrung von drei bis fünf Jahren und 22.1% Arbeitserfahrung von mehr als fünf Jahren. 67.3% der Teilnehmer gaben an, keine eigene Führungserfahrung zu haben.

Das Alter der Teilnehmer reichte von 18 bis 61 Jahren ($M = 25.08$, $SD = 8.9$). 72.6% der Probanden waren 25 Jahre alt oder jünger. Es hatten demnach vor allem junge Erwachsene an der Studie teilgenommen.

90.3% aller 113 Teilnehmer gaben als Herkunftsland Deutschland an. Die restlichen 9.7% stammten ihren Angaben zufolge aus folgenden Ländern: Bulgarien ($n = 1$), China ($n = 1$), Italien ($n = 2$), Kasachstan ($n = 1$), Kolumbien ($n = 1$), Kroatien ($n = 1$), Rumänien ($n = 1$), Schweiz ($n = 1$) und Türkei ($n = 2$). Aufgrund des hohen Anteils an deutschen Probanden konnten kulturelle Einflüsse weitestgehend ausgeschlossen werden, was sowohl für die kulturspezifischen Führungsdimensionen (House et al., 2004) als auch für die Erfassung der Motive wichtig ist. Denn Motive drücken sich in unterschiedlichen Kulturen in verschiedenen Verhaltensweisen aus (Ng, Winter & Cardona, 2011).

3.2 Verwendete Fragebögen

Um die Hypothesen zu testen wurde der oben beschriebenen Stichprobe folgende einzelne Fragebögen in einer online zusammengestellten Befragung vorgelegt:

3.2.1 UMS-6.

Zur Erhebung des expliziten Macht-, Leistungs-, Affiliations- und Intimitätsmotivs der 113 Probanden wurde der Fragebogen *The Unified Motive Scale (UMS) - 6* (Schönbrodt & Gerstenberg, 2012) in der deutschen Version verwendet. In der anschließenden statistischen Analyse wurden nur die Werte des expliziten Macht- und Affiliationsmotivs berücksichtigt.

Neben der Tatsache, dass durch Fragebögen explizite Motive gemessen werden, spricht für deren Einsatz, dass Fragebögen im Vergleich zum TAT höhere Ökonomie und Reliabilität gewährleisten (Heckhausen & Heckhausen, 2010). Darüber hinaus wird berichtet, dass die Stabilität der mithilfe des TAT ermittelten Motivwerte sehr stark von der Testinstruktion abhängig ist (Lundy, 1985). Wahlpräferenz ebenso wie persönliche Wertungen werden durch Fragebögen aber nicht durch den TAT gemessen (Heckhausen & Heckhausen, 2010). Eine bestimmte Führungsdimension zu präferieren, fällt unter diese Kategorie, weshalb eine Erhebung der Ausprägung auf dem Macht- und Affiliationsmotiv im Rahmen dieser Bachelorarbeit mithilfe des oben genannten Fragebogens sinnvoll ist.

Für die Verwendung der UMS-6 im Kontext dieser Studie spricht außerdem, dass dieser Fragebogen das Affiliationsmotiv getrennt vom Intimitätsmotiv misst, indem eigene Skalen zur Ergebung der beiden Motivarten zur Verfügung stehen (Schönbrodt & Gerstenberg, 2012).

Desweiteren gibt es die UMS in drei unterschiedlichen Längen: UMS-10, UMS-6 und UMS-3, wobei die Namen irreführend sind, da die einzelnen Skalen aus mehr Items bestehen, als ihre Namen vermuten lassen. Die UMS-6 (30 Items) ist eine verkürzte Form der UMS-10 (54 Items) und die UMS-3 ist mit 15 Items die kürzeste Version der UMS-10 (Schönbrodt & Gerstenberg, 2012).

Für die hier durchgeführte Untersuchung wurde die UMS-6 verwendet, da sie deutlich weniger Items als die UMS-10 enthält, aber dennoch eine ausreichende Reliabilität gewährleistet (Machtskala: *Cronbach's* α = .89, Affiliationsskala: *Cronbach's* α = .85) (Schönbrodt & Gerstenberg, 2012). Die ersten 17 Items der UMS-6 werden mit einer sechsstufigen Skala erfasst, die von "trifft überhaupt nicht zu (1)" bis "trifft vollkommen zu (6)" (Schönbrodt & Gerstenberg, 2012) reicht. Anschließend werden die letzten 13 Items der UMS-6 ebenfalls mit einer sechsstufigen Skala erfasst, die von "Nicht wichtig (1)" bis "Außerordentlich wichtig (6)" (Schönbrodt & Gerstenberg, 2012) reicht.

Alle drei UMS Subscalen haben den höchsten Informationsgehalt überhaupt und die höchste Informationsdichte pro Item im Vergleich zu anderen Fragebögen, die explizite Motive messen (Schönbrodt & Gerstenberg, 2012). Das bedeutet, dass die latente Eigenschaft mit hoher Präzision auch mit weniger Items als in der UMS-10 gemessen werden kann. Darüber hinaus erfassen die kürzeren Skalen (UMS-6 und UMS-3) dieselben latenten Dimensionen wie die gesamte Skale (UMS-10) (Schönbrodt & Gerstenberg, 2012).

Beim Machtmotiv gibt es eine potentielle Limitation, da prosoziale Aspekte des Machtmotives, wie anderen zu helfen, nicht durch die Items der UMS erfasst werden (Schönbrodt & Gerstenberg, 2012).

Eine größere statistische Power und somit eine bessere Chance für Replikationen der Untersuchung wird durch die UMS besser zur Verfügung gestellt als durch andere Fragebögen, die ebenfalls explizite Motive erfassen (Schönbrodt & Gerstenberg, 2012). Dies stellt für ein Pilotexperiment ein entscheidendes Kriterium dar, da dieses eine erste empirische Annäherung an eine Vermutung ist, die erst durch wiederholte Studien eine empirische Basis erhält.

Zusammenfassend lässt sich sagen, dass die UMS eine solide Methode darstellt, um explizite Motive auf einem allgemeinen Level zu messen, da sie klar zwischen Affiliation und Intimität differenziert und verkürzte Skalen bereitstellt, die dieselben latenten Variablen messen wie die gesamte Skala (Schönbrodt & Gerstenberg, 2012). Aus diesen Gründen wurde die UMS-6 in der deutschen Version für diese Untersuchung verwendet.

3.2.2 GLV/GLOBAL6-FB.

Zur Erhebung der Präferenz der Probanden bezüglich der universalen und kulturspezifischen Führungsdimensionen wurde die deutsche Kurzfassung des expliziten Fragebogens *Global*

Leader View Instrument/GLOBE6-Fragebogen (GLV/GLOBAL6-FB) (Brodbeck & Breuninger, 2010; Ruderman et al., 2011) verwendet. Er basiert auf den GLOBE Führungsdimensionen und den Items des ursprünglichen GLOBE Messinstruments (Ruderman et al., 2011). Dabei stellt er ein valides und reliables Messinstrument auf einem individuellen Level der Analyse von Präferenz von Führungsdimensionen über mehrere Kulturen dar (Ruderman et al., 2011).

Der GLV/GLOBAL6-FB ermöglicht eine Messung individueller Unterschiede in der Präferenz von Führungsdimensionen innerhalb einer Kultur aber auch zwischen Kulturen (Ruderman et al., 2011). Somit ist dieser Fragebogen geeignet für die Anwendung innerhalb dieser Studie, da die Stichprobe zwar vor allem aus deutschen Teilnehmern besteht, aber auch Personen aus anderen Kulturkreisen teilgenommen haben.

Es handelt sich zudem um einen Fragebogen, der aufgrund der überschaubaren Anzahl von Items und der Tatsache, dass die Teilnehmer ihre Antworten mithilfe einer siebenstufigen Likert-Skala angeben, die von "behindert herausragende Führung sehr (1)" über "neutral - hat keinen Einfluss auf herausragende Führung (4)" bis "fördert herausragende Führung sehr (7)" reicht, sich für die Erstellung einer online durchgeführten Befragung eignet.

Aus diesen Gründen wurde der GLV/GLOBAL6-FB zur expliziten Messung der Präferenz der Teilnehmer bezüglich der teamorientierten, charismatischen, autonomen, humanorientierten, partizipativen und hierarchischen Führungsdimension verwendet, wobei in der statistischen Analyse nur die Werte der autonomen, partizipativen und humanorientierten Führungsdimension berücksichtigt wurden.

3.2.3 Fragebogen zur Akzeptanz von Führungsverhalten.

Zusätzlich wurde den Teilnehmern zum Zweck der Datenerhebung für eine andere Studie der *Fragebogen zur Akzeptanz von Führungsverhalten* (Geiger, 2014) vorgelegt.

Der Fragebogen wird hier nicht beschrieben, da die mit diesem Instrument erhobenen Daten für die statistische Analyse der im Rahmen dieser Studie untersuchten Hypothesen nicht relevant sind und somit nicht verwendet wurden.

3.3 Aufbau und Durchführung der Befragung

Der Aufbau des zusammengestellten, online auszufüllenden Fragebogens gliederte sich wie folgt:

Auf der ersten Seite des Fragebogens erhielten die Teilnehmer allgemeine Instruktionen bezüglich der weiteren Befragung. Die Probanden wurden darüber informiert, dass das Ziel der Studie eine empirische Untersuchung ist, die erforscht, ob es bestimmte Zusammenhänge zwischen Persönlichkeit und Führung gibt. So wurde versucht auszuschließen, dass Teilnehmer mit Vorkenntnissen bezüglich expliziter Motive und Impliziter Führungstheorien diese in die Beantwortung mit einfließen lassen konnten. Desweiteren bat man die Teilnehmer spontan zu antworten und nannte den zeitlichen Aufwand, den sie bei einer konzentrierten Beantwortung des Fragebogens benötigen würden. Zum Schluss erhielten die Probanden im Instruktionstext die Information, dass am Ende des Fragebogens noch soziodemographische Daten erfragt werden, die für die Studie notwendig sind, aber keine Rückschlüsse auf die Teilnehmer ermöglichen. Den Teilnehmern sicherte man zu, dass die erhobenen Daten ausschließlich im Rahmen wissenschaftlicher Forschung verwendet werden. Psychologiestudenten der Ludwig-Maximilians-Universität teilte man außerdem mit, dass sie sich für die Teilnahme eine halbe Versuchspersonenstunde anerkennen lassen können. Dazu wurden die Kontaktdaten dieser Probanden in Form von E-Mail-Adressen abgefragt und getrennt von den anderen Daten gespeichert, sodass Anonymität weiterhin gewährleistet werden konnte.

Auf die Instruktion folgte zunächst die UMS-6 (Schönbrodt & Gerstenberg, 2012), anschließend der GLV/GLOBAL6-FB (Ruderman et al., 2011) und dann der *Fragebogen zur Akzeptanz von Führungskräften* (Geiger, 2014) in der Form und mit den Instruktionen, wie sie in den entsprechenden Quellen zu finden sind. Anschließend wurden die soziodemographischen Daten abgefragt. Die gesamte Befragung ist einschließlich des Instruktionstextes im Anhang hinterlegt.

Vor der Durchführung der Befragung beantwortete eine kleine Gruppe ausgewählter Personen den Fragebogen im Rahmen eines Pretests. Die hier erhobenen Daten wurden nicht in die Analyse mit aufgenommen. Diese Gruppe konnte Anmerkungen zum gesamten Fragebogen geben, die man dazu verwendete, die endgültige Version des online erstellten

Fragebogens zu vervollständigen und eventuelle Unklarheiten im Instruktionstext und Fehler in Grammatik und Rechtschreibung zu bereinigen.

Eine Online-Befragung bedeutet, dass die Teilnehmer Raum und Tageszeit der Befragung selbst bestimmen konnten. Diese Methode der Durchführung bietet sehr viel Flexibilität, was den Teilnehmern sehr entgegen kommt und so eine hohe Beteiligung ermöglicht. Dabei gilt es jedoch zu berücksichtigen, dass eine Online-Befragung durch die flexible Wahl von Raum und Zeitpunkt einige unkontrollierbare Störvariablen beinhaltet.

Es konnte nicht überprüft werden, ob Personen den Fragebogen in gemeinsamer Arbeit ausgefüllt oder die Befragung während einer anderen Betätigung, die ablenkend gewirkt haben kann, durchgeführt haben etc. Deshalb wurden die Antworten von den Teilnehmer, die zu wenig Zeit für eine konzentrierte, ausführliche Bearbeitung der Befragung aufgewendet hatten, von der statistischen Analyse ausgeschlossen. Dies wurde nach folgendem Schema durchgeführt:

SoSci Survey vergibt Maluspunkte für extrem schnelles Antwortverhalten, indem die Ausfüllgeschwindigkeit eines Teilnehmers mit der mittleren Ausfüllgeschwindigkeit aller Teilnehmer verglichen wird (Leiner, 2014). Diese werden dann aufsummiert zu einem Gesamtwert. Dabei steht die Ziffer 0 für gleich schnelle oder langsamere Geschwindigkeit beim Ausfüllen. Hingegen bedeutet die Zahl 100, dass dreimal schneller geantwortet wurde als der typische Teilnehmer der Befragung (Leiner, 2014). Da das Punktesystem normiert ist, können Datensätze mit über 100 Gesamtpunkten als minderwertig eingestuft werden (Leiner, 2014). Im Rahmen dieser Untersuchung wurden alle vollständigen Datensätze, die 98 Punkte oder mehr in der Gesamtwertung von *SoSci Survey* zugewiesen bekommen hatten, ausgeschlossen. Somit kann eine gewisse Qualität der erhobenen Daten im Rahmen einer Mindestbearbeitungszeit gewährleistet werden.

Das soziale Netzwerk Facebook, in welchem der Fragebogen in diversen Gruppen, die das Thema Psychologie fokussieren, gepostet wurde, ermöglichte eine sehr viel größere Anzahl an potentiellen Probanden, da eine Vielzahl von Personen auf die Befragung aufmerksam gemacht werden konnten. Deshalb wurde trotz der unkontrollierbaren Störvariablen eine Online-Befragung durchgeführt, um die für die Untersuchung erforderlichen Daten zu erheben.

4 Resultate

Tabelle 1 zeigt die deskriptive Statistik, *Cronbach's α* und die Pearson-Korrelationen zwischen allen erhobenen Variablen.

Tabelle 1

Deskriptive Statistik, Cronbach's α und Pearson-Korrelation

	M	SD	Cronbach's α	1	2	3	4
1. Machtmotiv	3.50	.75	.57				
2. Affiliationsmotiv	4.06	.77	.52				
3. Intimitätsmotiv	4.58	.82	.80				
4. Leistungsmotiv	4.03	.68	.72				
5. Charismatische	5.82	.69	.66	.29**	.13	.18†	.34***
6. Hierarchische	3.20	1.14	.68	.03	.23*	.12	.10
7. Team-Orientierte	6.12	.65	.81	-.03	.08	.28**	.10
8. Partizipative	5.39	.87	.71	-.18†	.14	.16†	.04
9. Autonome	4.71	1.12	.67	.07	-.23*	-.17†	-.02
10. Human-Orientierte	5.36	.94	.78	-.11	.01	.19*	.03

$N = 113$.

$*** p < .001$.

$** p < .01$.

$* p < .05$.

$^\dagger p < .10$.

Die Hypothesen wurden mittels mehrerer einfacher linearen Regressionen statistisch überprüft. Dabei ergaben sich folgende Resultate, die in Tabelle 2 und 3 dargestellt sind.

Tabelle 2

Präferenz kulturspezifischer Führungsdimensionen bei Ausprägung des Machtmotivs

	Autonome				Partizipative			
	b	*SE b*	*β*	95% KI	*b*	*SE b*	*β*	95% KI
Machtmotiv	.09	.14	.07	[-.18, .38]	-.21[†]	.11	-.18	[-.43, .01]

Anmerkung. Statistische Analyse mit einfacher linearer Regression.

KI = Konfidenzintervall.

N = 113.

[†] *p* < .10.

Tabelle 3

Präferenz der humanorientierten Führungsdimension bei Ausprägung des Affiliationsmotivs

	Humanorientierte			
	b	*SE b*	*β*	95% KI
Affiliationsmotiv	.02	.12	.01	[-.21, .25]

Anmerkung. Statistische Analyse mit einfacher linearer Regression.

KI = Konfidenzintervall.

N = 113.

Hypothese 1 (*Geführte Personen mit einem stark ausgeprägten Affiliationsmotiv bevorzugen die humanorientierte Führungsdimension*) wird durch die erhobenen Daten nicht gestützt, $b = .02, p > .05$ (siehe Tabelle 3). Ebenso wird Hypothese 3 (*Geführte Personen mit einem stark ausgeprägten Machtmotiv bevorzugen die autonome Führungsdimension nicht*) durch die erhobenen Daten nicht gestützt, $b = .09, p > .05$ (siehe Tabelle 2).

Eine statistische Erklärung für diese Ergebnisse ist die Verletzung folgender statistischer Voraussetzung: Die Fehler ε_i müssen für die Durchführung einer einfachen linearen Regression normalverteilt sein (Bühner & Ziegler, 2010). Die Verletzung der Voraussetzung zeigt sich in den Q-Q-Plots in den Abbildungen 4 und 5. Abbildung 4 und 5 demonstrieren, dass die meisten standardisierten Residuen nicht auf der Winkelhalbierenden liegen, weshalb die Fehler ε_i nicht normalverteilt sind (Bühner & Ziegler, 2010).

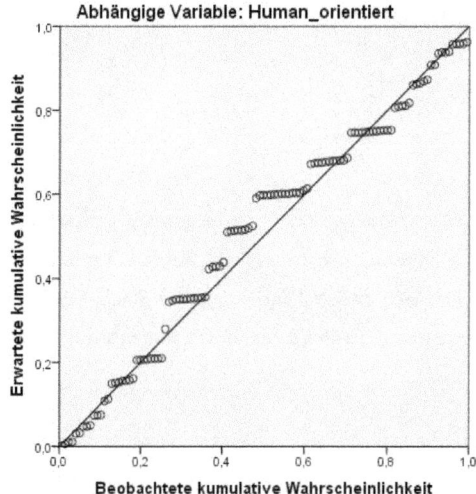

Abbildung 4. Q-Q-Plot zu Hypothese 1.

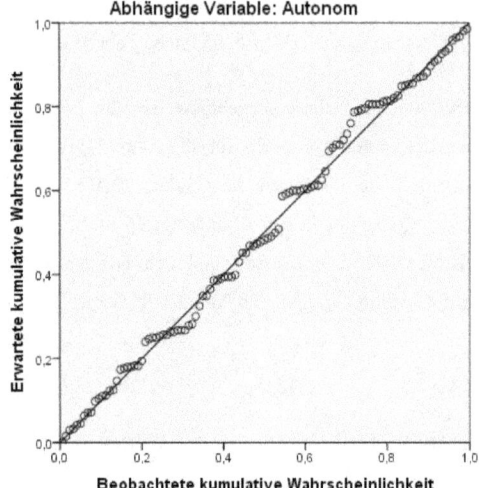

Abbildung 5. Q-Q-Plot zu Hypothese 3.

Hypothese 2 (*Geführte Personen mit einem stark ausgeprägten Machtmotiv bevorzugen die partizipative Führungsdimension*) wird durch die erhobenen Daten nicht gestützt. Die Resultate stützen jedoch marginal einen negativen Zusammenhang zwischen der Ausprägung auf dem Machtmotiv und der Präferenz für die partizipative Führungsdimension, $b = -.21$, $p < .10$ (siehe Tabelle 2).

Bei Hypothese 2 sind die statistischen Voraussetzungen für die Durchführung einer einfachen linearen Regression gegeben. Abbildung 6 zeigt, dass bei Hypothese 2 die Fehler ε_i normalverteilt sind, da die standardisierten Residuen größtenteils auf der Winkelhalbierenden liegen.

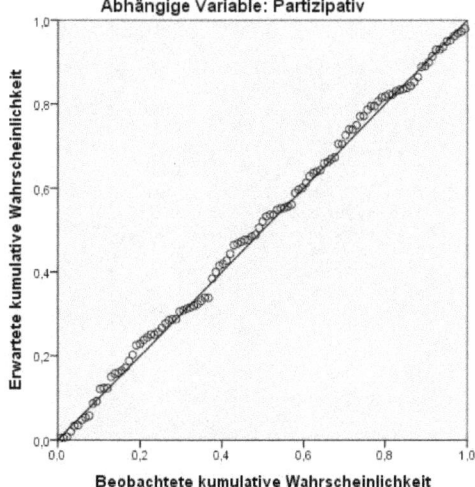

Abbildung 6. Q-Q-Plot zu Hypothese 2.

Eine Analyse der Ausreißerwerte mithilfe eines Streudiagramms (siehe Abbildung 7) zeigt, dass von den 113 Probanden zwei Ausreißerwerte (die Daten der Teilnehmer 33 und 62) ein signifikantes Ergebnis abschwächen, da sie die eingezeichnete lineare Funktion in Richtung Parallelität zur x-Achse drängen (Field, 2013; Fox, 2008).

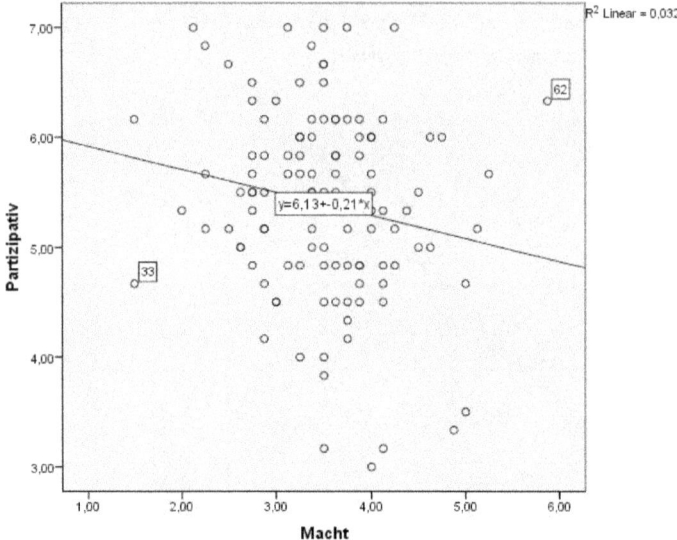

Abbildung 7. Streudiagramm zur Identifikation der Ausreißerwerte bei Hypothese 2.

Der geschätzte Zusammenhang zwischen dem expliziten Machtmotiv und der partizipativen Führungsdimension ist in Form einer linearen Funktion (y = 6.13 + -.21*x) eingezeichnet. Die Werte der Probanden 33 und 62 sind hervorgehoben, da sie stark von der Punktwolke abweichen. Es handelt sich dabei um Ausreißerwerte.

Deshalb wurden diese beiden Werte ausgeschlossen und erneut eine einfache lineare Regression gerechnet. Tabelle 4 stellt die Ergebnisse der statistischen Analyse der Daten, die den Zusammenhang zwischen der Ausprägung auf dem Machtmotiv und der Präferenz für die partizipative Führungsdimension erfassen, mit der um die beiden Ausreißerwerte reduzierten Stichprobe (n = 111) dar. Der negative Zusammenhang wird nun durch die erhobenen Daten signifikant gestützt, b = -.32, p < .01 (siehe Tabelle 4).

Tabelle 4

Analyse der Präferenz der partizipativen Führungsdimension bei der Ausprägung des expliziten Machtmotivs ohne Ausreißerwerte

	M	SD	1	2			
				b	$SE\,b$	β	95% KI
1. Machtmotiv	3.50	.70		-.32**	.12	-.25	[-.55, -.09]
2. Partizipative	5.40	.87	-.25**				

Anmerkung. Spalte "1" zeigt die Pearson-Korrelation zwischen der Ausprägung auf dem Machtmotiv und der Präferenz für die partizipative Führungsdimension. Die erneut gerechnete einfache lineare Regression zwischen dem Machtmotiv und der partizipativen Führungsdimension ist in Spalte "2" dargestellt.

KI = Konfidenzintervall.

$n = 111$.

** $p < .01$.

Dieser Zusammenhang kann nicht auf die unterschiedliche Berufserfahrung der Teilnehmer zurück geführt werden, $b = -.03$, $p > .05$, wie Tabelle 5 zeigt.

Tabelle 5

Analyse des Zusammenhangs zwischen der Präferenz der partizipativen Führungsdimension und der Berufserfahrung

	M	SD	r	Partizipative			
				b	$SE\,b$	β	95% KI
Berufserfahrung	2.70	1.58	-.07	-.03	.05	-.06	[-.13, .07]

MERKMALE EFFEKTIVER FÜHRUNG UND MCCLELLAND'S MOTIVTHEORIE

Der negative Zusammenhang wird auch dann signifikant durch die erhobenen Daten gestützt, wenn die elf Teilnehmer, die nicht aus Deutschland stammen, aus der linearen Regression herausgenommen werden (*n* = 100), *b* = -.31, *p* < .05, wie Tabelle 6 zeigt. Das Ergebnis wird demnach nicht durch kulturelle Einflüsse verzerrt.

Tabelle 6

Präferenz der partizipativen Führungsdimension bei Ausprägung des expliziten Machtmotivs der deutschen Teilnehmer ohne Ausreißerwerte

	M	SD	1	2			
				b	SE b	β	95% KI
1. Machtmotiv	3.51	.66		-.31*	.12	-.25	[-.56, -.07]
2. Partizipative	5.41	.83	-.25**				

Anmerkung. Spalte "1" zeigt die Pearson-Korrelation zwischen dem Machtmotiv und der partizipativen Führungsdimension. Die einfache lineare Regression zwischen dem Machtmotiv und dem partizipativen Führungsstil wird in Spalte "2" dargestellt.

KI = Konfidenzintervall.

n = 100.

* *p* < .05.

** *p* < .01.

5 Diskussion

Im Rahmen dieser Arbeit wurde untersucht, ob die Ausprägung einer Person auf ihrem expliziten Macht- und Affiliationsmotiv eine Auswirkung auf die Präferenz bestimmter kulturspezifischer Führungsdimensionen hat.

Die empirische Untersuchung liefert dabei folgende Resultate: Die Annahme, dass geführte Personen mit einem stark ausgeprägten Affiliationsmotiv die humanorientierte Führungsdimension bevorzugen, wird durch die empirischen Daten nicht gestützt. Ebenso wenig wird durch diese Studie die These unterstützt, dass geführte Personen mit einem stark ausgeprägten Machtmotiv die autonome Führungsdimension nicht präferieren. Doch die Ergebnisse liefern den Hinweis, dass das explizite Machtmotiv signifikant negativ mit der Bevorzugung der partizipativen Führungsdimension zusammenhängt.

Das bedeutet, dass keine der drei Hypothesen durch die Ergebnisse unterstützt werden. Denn in Hypothese 2 wurde postuliert, dass geführte Personen mit einem stark ausgeprägten Machtmotiv die partizipative Führungsdimension bevorzugen. Diese Annahme wird durch die empirischen Daten nicht gestützt. Statt dessen zeigen die Ergebnisse das Bild, dass ein negativer Zusammenhang zwischen der Präferenz für die partizipative Führungsdimension und der Ausprägung auf dem expliziten Machtmotiv besteht.

5.1 Theoretische Bedeutung

Die Forschung im Bereich der Impliziten Führungstheorien untermauert die Annahme, dass Führung zu einem bestimmten Teil im Auge des Betrachters liegt (van Quaquebeke et al., 2011). Je mehr eine tatsächliche Führungsperson die Attribute des individuellen Prototypen der idealen Führungskraft einer bestimmten Person zeigt, desto mehr tendiert diese Person dazu die Führungsperson als geeignet für die Führungsrolle wahrzunehmen (Lord & Maher, 1991).

Desweiteren unterstützt die mitarbeiterzentrierte Perspektive der Führungsforschung die Annahme, dass das Selbstbild einer Person eine moderierende Rolle in den Führungskraft-Kategorisierungs-Prozessen spielt (van Quaquebeke et al., 2011). Es besteht eine enge Verbindung zwischen den expliziten Motiven einer Person und ihrem Selbstkonzept (Heckhausen & Heckhausen, 2010).

MERKMALE EFFEKTIVER FÜHRUNG UND MCCLELLAND'S MOTIVTHEORIE

Der Einfluss der Motivstruktur einer Führungskraft auf ihr Verhalten, ihren Führungsstil und die Effektivität von Führung sind darüber hinaus ein intensiv untersuchtes Thema im Bereich der Führungsforschung (z. B. De Hoogh et al., 2011; Delbecq et al., 2013; Hoffman et al., 2011; McClelland & Burnham, 1976). Umso erstaunlicher ist es, dass bisher keinerlei Forschung im Bereich der motivationalen Ausprägung von Personen in Zusammenhang mit ihren Impliziten Führungstheorien unternommen wurde.

Die gegenwärtigen Resultate deuten darauf hin, dass das bereits im Bereich Führung intensiv untersuchte Machtmotiv (McClelland & Burnham, 1976) einen Einfluss auf die kulturell geprägten Impliziten Führungstheorien von Personen hat. Dabei beeinflusst die Ausprägung im expliziten Machtmotiv die Präferenz für die partizipative Führungsdimension: Je stärker die Ausprägung im Machtmotiv ausfällt, desto weniger bevorzugt man die partizipative Führungsdimension. Die mitarbeiterzentrierte Perspektive auf Führung wird somit um einen motivationalen Aspekt erweitert.

Ein Grund für den negativen Zusammenhang zwischen der Ausprägung des Machtmotivs und der Präferenz für die partizipative Führungsdimension ist möglicherweise die Perspektive, mit der die Teilnehmer den GLV/GLOBAL6-FB beantwortet haben: Es ist denkbar, dass die Probanden den Fragebogen hauptsächlich aus der Perspektive einer Führungskraft und nicht aus der einer geführten Person ausgefüllt haben. Dementsprechend würde eine hoch machtmotivierte Person, wenn sie selbst in der Führungsposition wäre, keinen partizipativen Führungsstil zeigen, da dieses Verhalten nicht für die Befriedigung ihrer motivationalen Bedürfnisse geeignet ist. Beachtet man diesen Blickwinkel im Antwortverhalten der Teilnehmer, kann dies eine mögliche, moderierende Variable sein, die den signifikant negativen Zusammenhang zwischen dem Machtmotiv und der Bevorzugung der partizipativen Führungsdimension erklärt.

Desweiteren könnte die moderierende Rolle des Selbstbildes von Individuen in den Führungskraft-Kategorisierungs-Prozessen (van Quaquebeke et al., 2011) eine entscheidende Rolle im Rahmen des Zusammenhangs zwischen dem expliziten Machtmotiv und der partizipativen Führungsdimension spielen. Das Ausmaß, in dem Personen ihre Vorstellung von einer idealen Führungskraft als Beurteilungsmaßstab für tatsächliche Führungspersonen verwenden, wird durch das Selbstbild der Person in Referenz zu ihrem Prototypen einer idealen Führungskraft beeinflusst (van Quaquebeke et al., 2011). Die Kriterien einer bestimmten Kategorie werden umso wichtiger für eine Person, je repräsentativer sie sich bezüglich dieser Kategorie fühlt (van Quaquebeke et al., 2011). Das Selbstkonzept einer Person ist wiederum eng mit ihren expliziten Motiven verbunden (Heckhausen & Heckhausen, 2010).

In diesem Kontext kann argumentiert werden, dass das Selbstbild mit dem expliziten Machtmotiv zusammen hängt und die empirischen Befunde deshalb den Hinweis liefern, dass ein hohes Machtmotiv mit einer niedrigen Präferenz für die partizipative Führungsdimension einher geht. Das Selbstbild könnte also ein weiterer Faktor sein, der den negativen Zusammenhang erklärt. Forschung in diesem Bereich wird benötigt, um das zu klären.

Im Rahmen der hier durchgeführten Untersuchung wurden lediglich die expliziten Motive der Teilnehmer erhoben. Implizite und explizite Motive arbeiten aber zusammen (Lang et al., 2012). Selbst wenn man davon ausgeht, dass beide Arten von Motiven weitgehend unabhängig voneinander existieren, so schließt dies nicht aus, dass sie gemeinschaftlich auf Verhalten und Erleben einwirken (Heckhausen & Heckhausen, 2010). Die Persönlichkeitsforschung unterstützt die integrative Perspektive, dass implizite und explizite Charakteristika eine ergiebige Quelle zum besseren Verständnis von Erleben und Verhalten sind (Lang et al., 2012). Explizite und implizite Motive haben gemeinsam einen deutlichen Effekt auf Erfahrung und Verhaltensweisen (Thielgen, Krumm, Rauschenbach & Hertel, 2015).

Dies ist eine mögliche Erklärung, warum Hypothese 1 und 3 durch die Resultate nicht gestützt werden. Durch eine Erhebung und Analyse der expliziten und impliziten Motive gemeinsam mit den Impliziten Führungstheorien könnten weitere Erkenntnisse bezüglich möglicher Zusammenhänge zwischen den Motiven einer Person und ihren prototypischen Vorstellungen von einer idealen Führungskraft gewonnen werden.

Aber nicht nur die Motive sondern auch die Impliziten Führungstheorien wurden explizit erhoben. Eine implizite Erhebung der ILTs könnte weitere Erkenntnisse bezüglich Zusammenhänge zwischen Motiven und Impliziten Führungstheorien einer Person generieren.

MERKMALE EFFEKTIVER FÜHRUNG UND MCCLELLAND'S MOTIVTHEORIE

Die Resultate dieser Studie stehen zum Teil in Einklang mit denen der im Rahmen der GLOBE-Studie durchgeführten Untersuchungen von Carl und Kollegen (2004). Ihre Forschung stützt die These, dass die kulturell praktizierte Machtdistanz unter anderem in einem signifikanten, negativen Zusammenhang mit der partizipativen und autonomen Führungsdimension steht. Das heißt, in Unternehmen, die von ihren Mitarbeitern als Machtdistanz wahrend beschrieben werden, ist ein partizipativer und autonomer Führungsstil eher unwahrscheinlich (Carl et al., 2004).

Die hier vorgestellte Studie erweitert dies, indem die Ergebnisse darauf hindeuten, dass hoch machtmotivierte Mitarbeiter den partizipativen Führungsstil weniger bevorzugen. Bei der autonomen Führungsdimension liegt ein solcher Zusammenhang jedoch nicht vor.

Hier kann argumentiert werden, dass für die autonome Führungsdimension die sozialen und organisationalen Werte und Praktiken eine stärkere Rolle bezüglich der Bevorzugung dieser Dimension spielen als individuelle Motivstrukturen. Eine empirische Untersuchung, die sowohl den Umfang, in welchem eine Gemeinschaft Autorität, Machtunterschiede und Statusprivilegien anerkennt und unterstützt, als auch das individuelle Machtmotiv der einzelnen Personen dieser Gemeinschaft erforscht und diese Daten zusammen mit der Präferenz für die autonome Führungsdimension statistisch analysiert, könnte aufschlussreiche Resultate liefern. Wie De Hoogh und Kollegen (2005) bereits vermuten, könnte die kulturell praktizierte Machtdistanz die Rolle und den Ausdruck des Machtmotivs in der entsprechenden Kultur beeinflussen.

Die erhobenen Daten zeigen, dass es auch zwischen expliziten Motiven und Führungsdimensionen, die im Rahmen dieser Untersuchung nicht genauer betrachtet wurden, signifikante Korrelationen bestehen (siehe Tabelle 1). Zum Beispiel korreliert die charismatische Führungsdimension signifikant mit dem Leistungsmotiv ($r = .34$, $p < .001$). Dieses Ergebnis kann auch theoretisch begründet werden, da die charismatische Führungsdimension unter anderem das Ausmaß erfasst, in dem eine Führungskraft hohe Leistungserwartungen an die Mitarbeiter setzt (Ruderman et al., 2011). Eine hoch leistungsmotivierte Person fühlt sich einem Tüchtigkeitsmaßstab verpflichtet und verfolgt Leistungsziele, deren Durchführung sie aus eigenem Antrieb anstrebt (Heckhausen & Heckhausen, 2010). Gütestandards, mit denen eine Leistung bewertet werden kann, sind die Voraussetzung für das Streben nach Exzellenz (Heckhausen & Heckhausen, 2010). Deshalb ist es durchaus möglich, dass eine hohe Ausprägung auf dem Leistungsmotiv positiv mit der Präferenz für die charismatische Führungsdimension zusammenhängt. Denn das Leistungsmotiv wird durch bestimmte Verhaltensweisen der charismatischen Führungsdimension verstärkt befriedigt. Diese und weitere Hypothesen können aus den Korrelationen in Tabelle 1 mit Blick auf die dahinter stehende Theorie konfiguriert und durch weitere Forschung überprüft werden. Dadurch könnten die Impliziten Führungstheorien um ein breiteres motivtheoretisches Level erweitert werden, als es durch den vorliegenden Beitrag möglich ist.

5.2 Praktische Bedeutung

Die Perspektive der Führungskraft-Kategorisierung kann helfen einige der Hindernisse zu erklären, mit denen Management-Trainees und erfahrene Führungspersonen konfrontiert werden, wenn sie sich in neue Führungssituationen begeben (van Quaquebeke et al., 2011). Denn neue Situationen beinhalten neue Kulturen, neue Gruppen und neue Mitarbeiter, die oft andere Implizite Führungstheorien haben. Dabei kann effektive Führung schwierig werden, wenn es zu keiner Übereinstimmung zwischen den impliziten Erwartungen der Mitarbeiter und dem Verhalten und Attributen der neuen Führungskraft kommt (van Quaquebeke et al., 2011). Das Wissen über solche Prozesse kann bei der Vorbereitung von Führungskräften und Mitarbeiterteams auf neue Situationen von Vorteil sein, um zum Beispiel kulturelle Unterschiede als eine Quelle von Synergie und Stimulus für gegenseitige Lernprozesse zu nutzen (Javidan et al., 2005).

Die hier vorgestellten Resultate erweitern den Blickwinkel auf die Führungskraft-Kategorisierungs-Prozesse um eine motivationale Perspektive: Das Machtmotiv ist nicht nur bei Führungskräften ein wichtiges Merkmal, das auf ihr Erleben und Verhalten im Unternehmenskontext Einfluss nimmt (Delbecq et al., 2013), sondern auch bei den Mitarbeiter über ihre Impliziten Führungstheorien. Dies gilt es im Arbeitskontext zu berücksichtigen, um eine noch präzisere Kongruenz zwischen den Impliziten Führungstheorien eines Mitarbeiterteams und dem Verhalten ihrer Führungskraft zu gewährleisten. So können die im Rahmen der Forschung zu den Impliziten Führungstheorien eruierten Vorteile bei einer Kongruenz zwischen den prototypischen Vorstellungen von der idealen Führungskraft und den tatsächlichen Attributen der Person, die die Führungsposition bekleidet, (Brodbeck et al., 2000; van Quaquebeke & Brodbeck, 2008) in der Praxis noch besser genutzt werden.

5.3 Limitationen

Der hier vorgestellte Forschungsbeitrag ist bisher lediglich im Rahmen eines Pilotexperiments untersucht worden. Dies stellt keine solide empirische Basis dar, weshalb Replikationen und Forschung in diesem konkreten Zusammenhang notwendig sind, um zu eruieren, ob die aktuellen Ergebnisse kein einzelnes Phänomen sind.

Desweiteren ist die hier untersuchte Stichprobe sehr homogen in Alter, Geschlecht, Ethnizität und derzeitiger Tätigkeit, was eine Ausweitung der Ergebnisse insbesondere auf einen beruflichen Kontext erschwert. Eine multinationale, heterogene Stichprobe, die mehrere Teilnehmer aus zum Beispiel unterschiedlichen Kulturen, Branchen und Unternehmen einzeln betrachtet, würde ein breiteres Spektrum der Erkenntnis bieten.

Die Art der Befragung mittels eines Online-Fragebogens beinhaltet außerdem unkontrollierbare Störvariablen, die die Resultate verzerren können. Dieser Umstand darf bei der Interpretation der Ergebnisse nicht vergessen werden. Eine Studie mit Laborbedingungen, die zum Beispiel Raum, Zeit, Ablenkungsmöglichkeiten oder andere Störvariablen bei der Befragung kontrolliert, kann hier aufschlussreich sein.

Die Impliziten Führungstheorien sind außerdem ebenso wie die Motive explizit erhoben worden. Hier besteht die Möglichkeit, dass Teilnehmer sozial erwünscht geantwortet haben. Auch das kann die Ergebnisse dieser Studie verzerrt haben.

6 Conclusio

Im Rahmen dieser Arbeit wurde untersucht, ob bestimmte explizite Motive einer Person ihre kulturell geprägten Impliziten Führungstheorien beeinflussen. Die hier erhobenen Daten stützen dabei die These, dass die Ausprägung im expliziten Machtmotiv negativ mit der Präferenz für die partizipative Führungsdimension zusammenhängt. Dies stellt einen interessanten und neuen Aspekt im Rahmen der Erforschung der kulturell geprägten Impliziten Führungstheorien und der anhaltenden Untersuchung von Dispositionsunterschieden im Führungskontext dar.

Auch die motivationale Ausprägung von Mitarbeitern könnte demnach die Effektivität von Führung indirekt über ihre Impliziten Führungstheorien beeinflussen.

Beinahe 40 Jahre nach der Publikation des ersten Artikels über Implizite Führungstheorien (Eden & Leviatan, 1975) zeigt die kontinuierliche Forschung, dass in diesem Bereich immer noch ein hoher Bedarf an Erkenntnisgewinn vorliegt. Zukünftige Untersuchungen sind in diesem wichtigen Gebiet der Arbeits- und Organisationspsychologie notwendig, um sowohl das theoretische Verständnis von Impliziten Führungstheorien in ihrem Zusammenhang mit Motivstrukturen zu erweitern, als auch um in der Praxis des Unternehmensalltags Führungskräfte und Mitarbeiter umfangreich auf neue Führungssituationen vorzubereiten.

7 Literaturverzeichnis

Bass, B. M., & Bass, R. (2008). *The Bass handbook of Leadership. Theory, research, and managerial applications* (4th ed.). New York, NY: Free Press.

Brodbeck, F. C. (2006). Navigationshilfe für internationales Change Management. *OrganisationsEntwicklung, 3,* 16-31.

Brodbeck, F. C. (2008). Die Suche nach universellen Führungsstandards: Herausforderungen im globalen Dorf. *Wirtschaftspsychologie aktuell, 1,* 19-22.

Brodbeck, F. C., & Breuninger, S. (2010). Auf internationale Aufgaben vorbereitet sein: 360°-Feedback Instrument zur Führungskräfteentwicklung – weltweit. *Weiterbildung,1,* 8-11.

Brodbeck, F. C., & Eisenbeiss, S. A. (2012). Cross-cultural and global leadership. In D. V. Day (Eds.), *The Oxford Handbook of Leadership and Organizations.* New York: Oxford University Press.

Brodbeck, F. C., Frese, M., Akerblom, S., Audia, G., Bakacsi, G., ... Wunderer, R., (2000). Cultural variation of leadership prototypes across 22 European countries. *Journal of Occupational and Organizational Psychology, 73,* 1-29.

Brodbeck, F. C., Hanges, P. J., Dickson, M. W., Gupta, V., & Dorfman, P. W. (2004). Societal culture and industrial sector influences on organizational culutre. In R. J. House, P. J. Hanges, M. Javidan, P. W. Dorfman, & V. Gupta (Eds.), *Culture, leadership and organizations. The GLOBE study of 62 societies* (pp. 654-668). Thousand Oaks, CA: Sage Publications.

Brown, D. J., Scott, K. A., & Lewis, H. (2004). Information processing and leadership. In J. Antonakis, A. T. Cianciolo, & R. J. Sternberg (Eds.), *The nature of leadership* (pp. 125-147). London: Sage Publications.

Bullough, A., & Sully de Luque, M. (2015). Women's participation in entrepreneurial and political leadership: The importance of culturally endorsed implicit leadership theories. *Leadership, 11*(1), 36-56. doi:10.1177/1742715013504427

Bühner, M., & Ziegler, M. (2010). *Statistik für Psychologen und Sozialwissenschaftler.* München: Pearson.

Carl, D., Gupta, V., & Javidan, M. (2004). Power Distance. In R. J. House, P. J. Hanges, M. Javidan, P. W. Dorfman, & V. Gupta (Eds.), *Culture, Leadership, and organizations. The GLOBE Study of 62 Societies* (pp. 513-563). Thousand Oaks, CA: Sage Publications.

DeCharms, R., Morrison, H. W., Reitman, W., & McClelland, D. C. (1955). Behavioral correlates of directly and indirectly measured achievement motivation. In D. C. McClelland (Eds.), *Studies in motivation* (pp. 414-423). New York: Appleton-Century-Crofts.

De Hoogh, A. H. B., Den Hartog, D. N., Koopman, P. L., Thierry, H., Van den Berg, P. T., Van der Weide, J. G., & Wilderom, C. P. M. (2005). Leader motives, charismatic leadership, and subordinates' work attitude in the profit and voluntary sector. *The Leadership Quarterly, 16,* 17-38. doi:10.1016/j.leaqua.2004.10.001

Delbecq, A., House, R. J., Sully de Luque, M., & Quigley, N. R. (2013). Implicit motives, leadership, and follower outcomes: An empirical test of CEOs. *Journal of Leadership & Organizational Studies, 20*(1), 7-24. doi:10.1177/1548051812467207

Djeriouat, H., & Mullet, E. (2013). Public perception of the motives that lead political leaders to launch interstate armed conflicts: A structural and cross-cultural study. *Universitas Psychologica, 12*(2), 327-346. doi:10.11144/Javeriana.UPSY12-2.plac

Dorfman, P., Hanges, P. J., & Brodbeck, F. C. (2004). Leadership and cultural variation: The identification of culturally endorsed leadership profiles. In R. J. House, P. J. Hanges, M. Javidan, P. Dorfman, & V. Gupta (Eds.), *Leadership, culture, and organizations: The GLOBE study of 62 societies* (pp. 669-719). Thousand Oaks, CA: Sage Publications.

Eden, D., & Leviatan, U. (1975). Implicit leadership theory as a determinant of the factor structure underlying supervisory behavior scales. *Journal of Applied Psychology, 60,* 736-741.

Epitropaki, O., & Martin, R. (2004). Implicit leadership theories in applied settings: Factor structure, generalizability, and stability over time. *Journal of Applied Psychology, 89*(2), 293-310. doi:10.1037/0021-9010.89.2.293

Epitropaki, O., & Martin, R. (2005). From ideal to real: A longitudinal study of the Role of implicit leadership theories on leader-member exchanges and employee outcomes. *Journal of Applied Psychology, 90*(4), 659-676. doi:10.1037/0021-9010.90.4.659

Epitropaki, O., Sy, T., Martin, R., Tram-Quon, S., & Topakas, A. (2013). Implicit Leadership and Followership Theories "in the wild": Taking stock of information-processing approaches to leadership and followership in organizational settings. *The Leadership Quarterly, 24,* 858-881. doi:10.1016/j.leaqua.2013.10.005

Field, A. (2013). *Discovering Statistics Using IBM SPSS Statistics* (4th ed.). L.A.: Sage.

Flynn, S. (2011). Can you directly motivate employees? Exploding the myth. *Development and Learning in Organizations: An International Journal, 25*(1), 11-15.

Fox, J. (2008). *Applied Regression Analysis and Generalized Linear Models.* L.A.: Sage.

Fromm, E. (2001). *Die Kunst des Liebens* (9th ed.). München: Deutscher Taschenbuch Verlag.

Geiger, B. (2014). *Akzeptanz sozialer Einflussnahme: Implizite Führungstheorien und ihre*

Auswirkungen auf die Einschätzung der Effektivität von Führungskräften (Unpublished master's thesis). Ludwig-Maximilians-Universität, München.

Heckhausen, J. & Heckhausen, H. (2010). *Motivation und Handeln* (4th ed.). Berlin Heidelberg: Springer-Verlag.

Hoffman, B. J., Woehr, D. J., Maldagen-Youngjohn, R., & Lyons, B. D. (2011). Great man or great myth? A quantitative review of the relationship between individual differences and leader effectiveness. *Journal of Occupational and Organizational Psychology, 84,* 347-381. doi:10.1348/096317909X485207

House, R. H., Hanges, P. J., Javidan, M., Dorfman, P., & Gupta, V. (2004). *Culture, leadership and organizations: The Globe study of 62 societies.* Thousand Oakes, CA: Sage Publications.

House, R. H., Javidan, M., Hanges, P. J., & Dorfman, P. (2002). Understanding cultures and implicit leadership theories across the globe: an introduction to project GLOBE. *Journal of World Business, 37,* 3-10.

Islam, R., & Ismail, A. Z. H. (2008). Employee motivation: A Malaysian perspective. *International Journal of Commerce and Management, 18*(4), 344-362. doi:10.1108/10569210810921960

Javidan, M., Stahl, G. K., Brodbeck, F. C., & Wilderom, C. P. M. (2005). Cross-border transfer of knowledge: Cultural lessons from project GLOBE. *Academy of Management Executive, 19*(2), 59-76.

Junker, N. M., & van Dick, R. (2014). Implicit theories in organizational settings: A systematic review and research agenda of implicit leadership and followership theories. *The Leadership Quarterly, 25,* 1154-1173. doi:10.1016/j.leaqua.2014.09.002

Kehr, H. M. (2004). Integrating implicit motives, explicit motives, and perceived abilities: The compensatory model of work motivation and volition. *Academy of Management Review, 29*(3), 479-499.

Lang, J. W. B., Zettler, I., Ewen, C., & Hülsheger, U. R. (2012). Implicit motives, explicit traits, and task and contextual performance. *Journal of Applied Psychology, 97*(6), 1201-1217. doi:10.1037/a0029556

Lawrence, S., & Jordan, P. (2009). Testing an explicit and implicit measure of motivation. *International Journal of Organizational Analysis*, *17*(2), 103-120. doi:10.1108/19348830910948959

Leiner, D. J. (2014). SoSci Survey (Version 2.4.00-i) [Computer Software]. Available from https://www.soscisurvey.de

Lord, R. G., Brown, D. J., Harvey, J. L., & Hall, R. J. (2001). Contextual constraints on prototype generation and their multilevel consequences for leadership perceptions. *The Leadership Quarterly, 12*, 311-338.

Lord, R. G., & Maher, K. J. (1991). *Leadership and information processing: Linking perceptions to performance.* Boston: Unwin Hyman.

Lundy, A. (1985). The reliability of the Thematic Apperception Test. *Journal of Personality Assessment, 49*, 141-145.

McAdams, D. P., & Constantian, C. A. (1983). Intimacy and affiliation motives in daily living: An experience sampling analysis. *Journal of Personality and Social Psychology, 45*, 851-861.

McAdams, D. P., & Powers, J. (1981). Themes of intimacy in behavior and thought. *Journal of Personality and Social Psychology, 40*, 573-587.

McClelland, D.C. (1971). *Assessing Human Motivation.* New York, NY: General Learning Press.

McClelland, D. C. (1980). Motive dispositions: The merits of operant and respondent measures. In L. Wheeler (Eds.), *Review of personality and social psychology* (Band 1, pp. 10-41). Beverly Hills, CA: Sage.

McClelland, D. C. (1985). *Human motivation.* Glenview, IL: Scott Foresman and Company.

McClelland, D. C. (1987). Biological aspects of human motivation. In F. Halisch & J. Kuhl (Eds.), *Motivation, intention und volition* (pp. 11-19). Berlin, Heidelberg, New York, Tokio: Springer.

McClelland, D. C., & Burnham, D. (1976). Power is the great motivator. *Harvard Business Review, 54,* 100-110, 159-166.

McClelland, D. C., Koestner, R., & Weinberger, J. (1989). How do self-attributed and implicit motives differ? *Psychological Review, 96*(4), 690-702.

Murray, H. A. (1938). *Explorations in personality.* New York: Oxford University Press.

Murray, H. A. (1943). *Thematic Apperceptive Test manual.* Cambridge, MA: Harvard University Press.

Ng, I., Winter, D. G., & Cardona, P. (2011). Resource control and status as stimuli for arousing power motivation: An American-Chinese comparison. *Motivation and Emotion, 35,* 328-337. doi:10.1007/s11031-011-9207-z

Northouse, P. G. (2010): *Leadership. Theory and Practice* (5th ed.). Los Angeles, LA: SAGE.

Ruderman, M. N., Brodbeck, F. C. , Eckert, R., Gentry, W. A., & Braddy, P. W. (2011). *The role of fit in understanding leader effectiveness across cultures.* Paper presented at the Society of Industrial and Organizational Psychology (SIOP) annual conference.

Rush, M. C., Thomas, J. C., & Lord, R. G. (1977). Implicit leadership theory: A potential threat to the internal validity of leader behavior questionnaires. *Organizational Behavior & Human Performance, 20,* 93-110.

Schopenhauer, A. (2014). *Die Welt als Wille und Vorstellung.* Hamburg: Nikol.

Schönbrodt, F. D., & Gerstenberg, F. X. R. (2012). An IRT analysis of motive questionnaires: The Unified Motive Scales. *Journal of Research in Personality, 46,* 725-742. doi:10.1016/J.jrp.2012.08.010

Schultheiss, O. C. (2008). Implicit motives. In O. P. John, R. W. Robins, & L. A. Pervin (Eds.), *Handbook of personality: Theory and research* (3rd ed., pp. 603-633). New York, NY: Guilford Press.

Schyns, B., & Meindl, J. R. (Eds.). (2005). *Implicit leadership theories: Essays and explorations.* Greenwich, CT: Information Age Publishing.

Scott, K. A., & Brown, D. J. (2006). Female first, leader second? Gender bias in the encoding of leadership behavior. *Organizational Behavior and Human Decision Process, 101,* 230-242. doi:10.1016/j.obhdp.2006.06.002

Shamir, B., Pillai, R., Bligh, M. C. & Uhl-Bien, M. (Eds.). (2006). *Follower-centred perspectives on leadership.* Greenwich, CT: Information Age Publishing.

Shondrick, S. J., Dinh, J. E., & Lord, R. G. (2010). Developments in implicit leadership theory and cognitive science: Applications to improving measurement and understanding alternatives to hierarchical leadership. *The Leadership Quarterly, 21,* 959-978. doi:10.1016/j.leaqua.2010.10.004

Sokolowski, K. (2008): Social bonding: Affiliation motivation and intimacy motivation. In J. Heckhausen & H. Heckhausen (Eds.), *Motivation and action* (2nd ed., pp. 184-201). New York, NY, US: Cambridge University Press.

Spieß, E., & von Rosenstiel, L. (2010). *Organisationspsychologie. Basiswissen, Konzepte und Anwendungsfelder.* München: Oldenbourg Wissenschaftsverlag.

Thielgen, M. M., Krumm, S., Rauschenbach, C., & Hertel, G. (2015). Older but wiser: Age moderates congruency effects between implicit and explicit motives on job satisfaction. *Motivation and Emotion, 39,* 182-200. doi:10.1007/s11031-014-9448-8

Van Quaquebeke, N., & Brodbeck, F. C. (2008). Entwicklung und erste Validierung zweier Instrumente zur Erfassung von Führungskräfte-Kategorisierung im deutschsprachigen Raum. *Zeitschrift für Arbeits- und Organisationspsychologie, 52,* 70-80. doi:10.1026/0932-4089.52.2.70

Van Quaquebeke, N., Graf, M. M., & Eckloff, T. (2014). What do leaders have to live up to? Contrasting the effects of central tendency versus ideal-based leader prototypes in leader categorization processes. *Leadership, 10*(2), 191-217. doi:10.1177/1742715013476081

Van Quaquebeke, N., van Knippenberg, D., Brodbeck, F. C. (2011). More than meets the eye: The role of subordinates' self-perceptions in leader categorization processes. *The Leadership Quarterly, 22,* 367-382. doi:10.1016/j.leaqua.2011.02.011

Wiley, C. (1997). What motivates employees according to over 40 years of motivation surveys. *International Journal of Manpower, 18*(3), 263-280.

Yukl, G. A. (2002). *Leadership in organizations* (5th ed.). Upper Saddle River, NJ: Prentice Hall.

Yukl, G. A. (2010). *Leadership in organizations* (7th ed.). Upper Saddle River, NJ: Prentice Hall.

8 Anhang

Herzlich Willkommen zur Studie "Persönlichkeit und Führung"

Vielen Dank, dass Sie an unserer Studie teilnehmen! Bitte lesen Sie sich alle Instruktionen sorgfältig durch.

In dieser Studie geht es um das Thema "Persönlichkeit und Führung", ein zentrales Forschungsgebiet in der Wirtschafts- und Organisationspsychologie. Wir untersuchen, ob es bestimmte Zusammenhänge zwischen Persönlichkeit und Führung gibt. Die nachfolgenden Fragebögen beziehen sich auf Ihre persönlichen Einschätzungen und Ansichten zu diesem Themengebiet. Antworten Sie bitte ganz spontan und ohne lange darüber nachzudenken. Die Bearbeitungszeit wird in etwa 20 bis 25 Minuten dauern. Zum Schluss werden einige soziodemographische Daten erfragt, die für die Untersuchung notwendig sind, jedoch keine Rückschlüsse auf Ihre Person erlauben. Die während der Studie erhobenen Daten werden von uns ausgewertet und ausschließlich im Rahmen wissenschaftlicher Forschung verwendet.

Studierende der LMU München können sich für Ihre Teilnahme eine halbe Versuchspersonen-Stunde bestätigen lassen.

Klicken Sie nun bitte auf "Weiter", um mit der Studie fortzufahren.

Seite 02
P001

Frage [P001]

Es folgen mehrere Aussagen, denen Sie mehr oder weniger zustimmen können. Bitte kreuzen Sie dafür eine der dargestellten Möglichkeiten zwischen „trifft überhaupt nicht zu" (1) bis „trifft vollkommen zu" (6) an. Es gibt dabei keine „richtigen" oder „falschen" Antworten und Sie erfüllen den Zweck der Befragung am besten, wenn Sie die Fragen so wahrheitsgemäß wie möglich beantworten.

	Trifft überhaupt nicht zu (1)	Trifft nicht zu (2)	Trifft eher nicht zu (3)	Trifft eher zu (4)	Trifft ziemlich zu (5)	Trifft vollkommen zu (6)
1. Ich habe gern das Sagen.						
2. Ich versuche so oft wie möglich in der Gesellschaft von Freunden zu sein.						
3. In etwas schwierigen Situationen, in denen viel von mir selbst abhängt, habe ich Angst zu versagen.						
4. In einer Partnerschaft wünsche ich mir, vollständig im anderen aufzugehen.						
5. Ich strebe nach Positionen, in denen ich Autorität habe.						
6. Ich verbringe viel Zeit damit, Freunde zu besuchen.						
7. Es beunruhigt mich, etwas zu tun, wenn ich nicht sicher bin, dass ich es kann.						
8. Sich nahezukommen ist das einzige was zählt im Leben.						
9. Ich habe nur wenig Interesse daran, andere zu führen.						
10. Zusammentreffen mit anderen Menschen machen mich glücklich.						
11. Wenn ich jemanden neu kennenlerne, habe ich oft Angst, abgelehnt zu werden.						
12. In einer Partnerschaft wünsche ich mir, alle positiven und negativen Gefühle teilen zu können.						

MERKMALE EFFEKTIVER FÜHRUNG UND MCCLELLAND'S MOTIVTHEORIE

13. Oft wäre ich lieber alleine als mit einer Gruppe von Freunden zusammen.	○	○	○	○	○	○
14. Ich bekomme Angst, wenn sich Dinge meiner Kontrolle entziehen.	○	○	○	○	○	○
15. Ich bemühe mich, andere Leute kennenzulemen.	○	○	○	○	○	○
16. Wenn ich Kontakt zu Fremden aufnehme und die zeigen mir die kalte Schulter, dann fühle ich mich unsicher.	○	○	○	○	○	○
17. Wenn ich merke, dass ich auf manche Dinge keinen Einfluss habe, dann bin ich schnell beunruhigt.	○	○	○	○	○	○

Frage [P002]
Es folgen nun mehrere Aussagen zu Zielen, die Sie mehr oder weniger wichtig finden können. Bitte kreuzen Sie für jedes Ziel an, wie wichtig Ihnen dieses Ziel in Ihrem Leben ist, von „nicht wichtig" (1) bis „außerordentlich wichtig" (6).

	Nicht wichtig (1)	Ein wenig wichtig (2)	Etwas wichtig (3)	Wichtig (4)	Sehr wichtig (5)	Außerordentlich wichtig (6)
1. Über eine Gruppe oder eine Organisation Kontrolle ausüben zu können.	○	○	○	○	○	○
2. Meine Leistung stets auf einem hohen Niveau halten.	○	○	○	○	○	○
3. Viel mit anderen Menschen zusammen unternehmen.	○	○	○	○	○	○
4. Zuneigung und Liebe geben.	○	○	○	○	○	○
5. Einfluss ausüben zu können.	○	○	○	○	○	○
6. Arbeit von hoher Qualität zu leisten.	○	○	○	○	○	○
7. Ständig neue, interessante und herausfordernde Ziele und Projekte.	○	○	○	○	○	○
8. In einer Führungsposition zu sein, wo andere für mich arbeiten und von mir Anweisungen erhalten.	○	○	○	○	○	○
9. Projekte, die mich bis an die Grenze meiner Leistungsfähigkeit bringen.	○	○	○	○	○	○
10. Mich ständig verbessern.	○	○	○	○	○	○
11. Eine tiefgehende Beziehung zu haben.	○	○	○	○	○	○
12. Verantwortung für schwierige und herausfordernde Aufgaben und Ziele zu übernehmen.	○	○	○	○	○	○
13. Nicht von den Menschen getrennt zu sein, die mir wirklich wichtig sind.	○	○	○	○	○	○

MERKMALE EFFEKTIVER FÜHRUNG UND MCCLELLAND'S MOTIVTHEORIE

Auf den folgenden Seiten werden Sie gebeten, über Ihre Erwartungen an eine herausragende Führungskraft Auskunft zu geben. Vermutlich sind Ihnen Personen bekannt, die beim Führen außergewöhnliche Fähigkeiten zeigen, oder Sie haben eine Vorstellung von einer Führungskraft, die für Sie „hervorragende Führung im Unternehmen" verkörpert, die Sie als Führungskraft ebenso wie als Mensch schätzen. Denken Sie bitte an die Fähigkeiten dieser Führungskräfte – was haben sie gemeinsam?

Mit dieser Vorstellung einer „hervorragenden Führungskraft" vor Augen, schätzen Sie bitte die nachfolgend genannten Verhaltensweisen und Merkmale (entsprechend der jeweiligen Definitionen) dahingehend ein, inwieweit diese „hervorragende Führung im Unternehmen" jeweils fördern ODER behindern.

Bitte kreuzen Sie Ihre Antworten anhand der folgenden Skala an:

Dieses Merkmal...

1 ... behindert herausragende Führung sehr.

2 ... behindert herausragende Führung moderat.

3 ... behindert herausragende Führung leicht.

4 ... hat keinen Einfluss auf hervorragende Führung.

5 ... fördert herausragende Führung leicht.

6 ... fördert herausragende Führung moderat.

7 ... fördert herausragende Führung sehr.

	behindert 1	2	3	neutral 4	5	6	fördert 7
Charismatisch = Zeigt viel Enthusiasmus, was Commitment zu Werten oder einer Vision fördert.	○	○	○	○	○	○	○
Kooperativ = Bindet Andere in arbeitsbezogene Aktivitäten ein.	○	○	○	○	○	○	○
Mitfühlend = Ist aufmerksam und freundlich.	○	○	○	○	○	○	○
Konsensorientiert = Trifft Entscheidungen, die die Sichtweisen aller wichtigen Beteiligten berücksichtigen.	○	○	○	○	○	○	○
Delegiert = Teilt die Projekt- oder Aufgabenkontrolle mit seinen Mitarbeitern oder überläßt sie ihnen vollständig.	○	○	○	○	○	○	○
Exzellenz-orientiert = Strebt nach Spitzenleistung, bei sich selbst und bei Anderen.	○	○	○	○	○	○	○
Formell = Folgt Verhaltensregeln und Traditionen, gemäß Status und Position.	○	○	○	○	○	○	○
Voraussicht = Beschäftigt sich damit, was in der Zukunft passieren könnte, um eine Vision zu entwickeln, die Andere mitreißt.	○	○	○	○	○	○	○
Großzügig = Setzt bereitwillig seine / ihre Ressourcen oder Zeit ein, um Anderen zu helfen.	○	○	○	○	○	○	○
Menschlich = Zeigt Einfühlungsvermögen, hilft Anderen.	○	○	○	○	○	○	○
Zurückhaltend = Prahlt nicht, ist bescheiden, ruhig.	○	○	○	○	○	○	○

MERKMALE EFFEKTIVER FÜHRUNG UND MCCLELLAND'S MOTIVTHEORIE

Einschließend = Teilt Macht und
Autorität mit Anderen.

Unabhängig = Agiert unabhängig und
selbstständig.

Inspirierend = Inspiriert, motiviert und
mobilisiert Andere.

Einbeziehend = Bezieht Andere in die
Entscheidungsfindung mit ein.

Frage [F003]

Bitte kreuzen Sie Ihre Antworten anhand der folgenden Skala an:

Dieses Merkmal...

1 ... behindert herausragende Führung sehr.

2 ... behindert herausragende Führung moderat.

3 ... behindert herausragende Führung leicht.

4 ... hat keinen Einfluss auf hervorragende Führung.

5 ... fördert herausragende Führung leicht.

6 ... fördert herausragende Führung moderat.

7 ... fördert herausragende Führung sehr.

	behindert			neutral			fördert
	1	2	3	4	5	6	7

Vermittler = Geht mit Konflikten
zwischen Teammitgliedern konstruktiv
um.

Motivierend = Motiviert Andere dazu,
sich außergewöhnlich anzustrengen
und persönliche Opfer zu bringen.

Normorientiert = Handelt in strikter
Übereinstimmung mit Vorgaben und
Regeln.

Organisiert = Handelt in
Arbeitsbeziehungen methodisch und
transparent, leitet komplexe
Arbeitsgruppen gut.

Partizipativ = Teilt Macht,
Informationen und Ressourcen mit
Anderen.

Selbstsicher = Trifft seine / ihre
eigenen Entscheidungen, verläßt sich
mehr auf sich selbst als auf Andere.

Selbstgenügsam = Arbeitet
eigenständig ohne übermäßig von
Anderen abhängig zu sein.

Fähiger Koordinator = Sorgt dafür, dass
die unterschiedlichen Talente und
Interessen seines / ihres Arbeitsteams

MERKMALE EFFEKTIVER FÜHRUNG UND MCCLELLAND'S MOTIVTHEORIE

effektiv zusammenwirken.

Guter Vermittler = Findet Win-Win-Lösungen, wenn Teammitglieder unterschiedliche oder gegensätzliche Interessen haben.	○	○	○	○	○	○	○
Status-orientiert = Beurteilt Andere nach deren Status oder Position in der Gesellschaft und verhält sich entsprechend.	○	○	○	○	○	○	○
Verständnisvoll = Zeigt Verständnis für die Bedürfnisse und Gefühle Anderer.	○	○	○	○	○	○	○
Teamentwickler = Ermutigt und befähigt Teammitglieder dazu, zusammen zu arbeiten.	○	○	○	○	○	○	○
Teamintegrierend = Integriert Personen, Informationen und Aufgaben zu einem zusammen-hängenden Arbeitssystem.	○	○	○	○	○	○	○
Visionär = Denkt an die Zukunft und schafft Visionen, mit denen sich Andere identifizieren können.	○	○	○	○	○	○	○

Seite 06
F003

Frage [F002]

Bitte geben Sie an, wie sehr Sie folgende Verhaltensweisen bei einer herausragend guten Führungskraft akzeptieren würden.

Ich würde es akzeptieren, wenn die Person ...

	überhaupt nicht				voll und ganz
mir Aufgaben zuweist, von denen sie weiß, dass ich sie nicht mag.	○	○	○	○	○
mich zu ihrem Stellvertreter im Team macht.	○	○	○	○	○
ein Vorbild für mich sein möchte.	○	○	○	○	○
mich dazu drängt, mich mehr anzustrengen.	○	○	○	○	○
mich von ihrem Standpunkt überzeugen will.	○	○	○	○	○
Aufgaben an mich delegiert, für die eigentlich sie zuständig wäre.	○	○	○	○	○
vorrangig nach ihren persönlichen Überzeugungen handelt.	○	○	○	○	○
mir eine bestimmte Rolle im Team zuweist.	○	○	○	○	○
mir Aufgaben überträgt, ohne stets deren Sinn zu erklären.	○	○	○	○	○
sich als kompetent in dem darstellt, was sie tut.	○	○	○	○	○
mir nur die Informationen gibt, die sie aktuell als relevant einschätzt.	○	○	○	○	○
Vorstellungen dazu äußert, wohin ich mich entwickeln soll.	○	○	○	○	○
sich von mir gegenüber anderen Personen vertreten lässt.	○	○	○	○	○
erwartet, dass ich mich an die von ihr aufgestellten Regeln halte.	○	○	○	○	○

MERKMALE EFFEKTIVER FÜHRUNG UND MCCLELLAND'S MOTIVTHEORIE

erwartet, dass ich ihren Entscheidungen vertraue. ○ ○ ○ ○ ○

klare Vorstellungen davon äußert, was ich für sie
tun muss, damit sie auch etwas für mich tut. ○ ○ ○ ○ ○

Seite 07

D

Frage [D001]

Die folgenden Angaben werden für die statistische Auswertung des Fragebogens benötigt und ausschließlich
dafür verwendet, Rückschlüsse auf Ihre Person können daraus nicht gezogen werden.

Ihr Geschlecht ist

männlich ○ ○ weiblich

Frage [D002]

Alter

Herkunftsland

Frage [D003]

Was ist Ihre derzeitige Tätigkeit? (Mehrfachnennung ist möglich)

☐ Student(in)

☐ Angestellte(r)

☐ Selbstständig / Freiberuflich

Frage [D004]

Wie lange haben Sie selbst insgesamt in einem Unternehmen gearbeitet?

(unabhängig von Unternehmensgröße/Position, inkl. Praktika)

○ 0-6 Monate

○ 6-12 Monate

○ 1-2 Jahre

○ 3-5 Jahre

○ mehr als 5 Jahre

Frage [D005]

Haben Sie selbst Führungserfahrung?

nein ja
○ ○

59

MERKMALE EFFEKTIVER FÜHRUNG UND MCCLELLAND'S MOTIVTHEORIE

Falls Sie sich für Ihre Teilnahme an der Studie eine halbe Versuchspersonen-Stunde bestätigen lassen möchten, tragen Sie bitte den Studiennamen "Persönlichkeit und Führung" in die Spalte "Bezeichnung der Untersuchung" auf Ihrem Versuchspersonen-Zettel ein. Den Versuchspersonen-Zettel bitte ausgefüllt unter Angabe des Namens, E-Mail-Adresse und Namen der Studie in das Postfach 81 (Lehrstuhl Prof. Brodbeck) einwerfen. Dieser kann nach ca. zwei Tagen wieder an der Pforte zwischen 08:30 - 14:30 Uhr abgeholt werden.
Damit wir Ihnen die halbe Versuchspersonen-Stunde anerkennen können, haken Sie bitte die unten angezeigte Option an. Dann erscheint ein Feld, dort tragen Sie Ihre E-Mail-Adresse ein, die auch auf Ihrem Versuchspersonen-Zettel steht. Nur wenn Sie dies ausführen, können wir Ihnen Ihre Versuchspersonen-Stunde anrechnen.

Frage [D096]

Ich möchte mir eine halbe Versuchspersonen-Stunde anerkennen lassen und bin damit einverstanden, dass meine E-Mail-Adresse bis zur Bestätigung dieser gespeichert wird. Die Angaben in dieser Befragung bleiben weiterhin anonym, meine E-Mail-Adresse wird nicht an Dritte weitergegeben.

Vielen Dank für Ihre Teilnahme!

Wir möchten uns ganz herzlich für Ihre Mithilfe bedanken.

Ihre Antworten wurden gespeichert, Sie können das Browser-Fenster nun schließen.

9 783668 859302